AF093837

www.ingramcontent.com/pod-product-compliance
Lightning Source LLC
LaVergne TN
LVHW010604070526
838199LV00063BA/5064
* 9 7 8 9 3 5 8 7 2 6 9 7 8 *

فلمی موسیقی: فن اور فنکار

(مضامین)

مرتبہ:

مکرم نیاز

© Taemeer Publications LLC

Filmi Muusiqii : Funn aur Funnkaar
by: Mukarram Niyaz
Edition: July '2024
Publisher :
Taemeer Publications LLC (Michigan, USA / Hyderabad, India)

ISBN 978-93-5872-697-8
9 789358 726978

مرتب یاناشر کی پیشگی اجازت کے بغیر اس کتاب کا کوئی بھی حصہ کسی بھی شکل میں بشمول ویب سائٹ پر
اَپ لوڈنگ کے لیے استعمال نہ کیا جائے۔ نیز اس کتاب پر کسی بھی قسم کے تنازع کو نمٹانے کا اختیار
صرف حیدرآباد (تلنگانہ) کی عدلیہ کو ہو گا۔

© تعمیر پبلی کیشنز

کتاب	:	**فلمی موسیقی: فن اور فنکار**
مرتب	:	**مکرم نیاز**
صنف	:	تحقیق و تنقید
ماخذ	:	ماہنامہ 'اردو دنیا (نئی دہلی)' سے منتخب شدہ مقالے
ناشر	:	تعمیر پبلی کیشنز (حیدرآباد، انڈیا)
سالِ اشاعت	:	۲۰۲۴ء
صفحات	:	۸۲
سرورق ڈیزائن	:	تعمیر ویب ڈیزائن

فہرست

(۱)	ہندوستانی موسیقی میں پرانے فلمی نغموں کا مقام	نثار راہی	6
(۲)	مجروح سلطانپوری اور فلمی نغمے	سریتا چوہان	14
(۳)	راہی معصوم رضا کا فلمی سفر	جگدمبا دوبے	22
(۴)	ساحر لدھیانوی: ادب اور فلم کے آئینہ میں	رضوانہ پروین	30
(۵)	ساحر لدھیانوی کے فلمی نغموں میں محبت و انسانیت	محمد عطاء اللہ	39
(۶)	بھارت رتن لتا منگیشکر: میری آواز ہی پہچان ہے	ابرار رحمانی	51
(۷)	لتا منگیشکر اور اردو تلفظ	نازیہ	59
(۸)	فلمی و ادبی دنیا کی مشترکہ وراثت: ندا فاضلی	معصوم زہرا	67
(۹)	ظفر گورکھپوری کے فلمی گیت	ناظر انور	75

ہندوستانی موسیقی میں پرانے فلمی نغموں کا مقام

نثار راہی

موسیقی کا شمار فائن آرٹ میں کیا جاتا ہے اور دنیا میں بے شمار لوگ موسیقی سنتے اور سر دُھنتے آرہے ہیں۔ کچھ لوگ (کہ جن میں عمر رسیدہ زیادہ ہوتے ہیں) ہندوستانی کلاسیکی موسیقی بہت شوق سے سنتے ہیں اور ملک کا نوجوان طبقہ انگریزی اور ہندی پاپ میوزک کا شوقین ہے۔ دیکھا جائے تو موسیقی ہندوستانیوں کے دلوں اور خون کی رگوں میں رچی بسی ہے کیونکہ صوبوں اور ریاستوں میں دیہات کے لوگ لوک گیت اور لوک سنگیت بڑے شوق سے سنتے ہیں۔ کرناٹک، بنگال اور کشمیر کے لوک گیت اور سنگیت وہاں جب بجتے سنائی دیتے ہیں تو کانوں میں جیسے رس گھولتے ہیں۔

لیکن۔۔۔ بڑی اہمیت ہے ہمارے پرانے فلمی گانوں کی چالیس سے لے کر ستر کی دہائی تک یعنی چالیس سال کے عرصے میں بننے والی فلموں سے نکل کر جو گانے آئے تھے وہ آج بھی بہت لوگوں کے دل و دماغ پر راج کر رہے ہیں بلکہ یہ کہا جائے تو غلط نہ ہو گا کہ برصغیر میں بے شمار لوگوں کو فلموں کے پرانے گانوں کا دیوانگی کی حد تک شوق ہے اور کیوں نہ ہو کہ ان پرانے گانوں میں کیا نہیں ہے۔ ان میں بھرپور نغمگی ہے، سرور ہے، مستی ہے، اور اس سے بھی آگے یہ کہ وہ دماغ کو تناؤ سے چھٹکارا دلا کر سکون عطا کرتے ہیں اور میں تو یہ بھی کہوں گا کہ پرانی فلموں کے گانوں کی یہ موسیقی دماغ کا علاج بھی ہے۔

شائقین کے لیے تو یہ موسیقی جادو ہے۔

اس دنیا میں یہ ایک جادو ہی تو ہو گیا کہ فلموں کی اس موسیقی کا جنم ہوا۔ نہ جانے کہاں کہاں سے بڑے Genius موسیقار آئے اور فلموں کے لیے گانے بناتے گئے۔ وہ لوگ ایک دوسرے سے سبقت لے جانے میں اچھے اچھے گانے بناتے گئے۔ خصوصاً پچھلی صدی کی پچاس سے ستر کی دہائی کا ایک دور تھا کہ اس دور میں جہاں اچھے موسیقار آئے وہیں بہت اچھے گلوکار بھی ممبئی آئے اور گانے بنتے ہی چلے گئے۔ اچھے گانوں کی تعداد کچھ کم نہیں ہے، ہزاروں میں ہے۔ ہر گانہ اپنی جگہ لطف و سرور دیتا ہے۔

شروع کے موسیقاروں میں انل بسواس، حسن لال بھگت رام، پنکج ملک، آر سی بورال، کھیم چند پرکاش اور سجاد حسین وغیرہ تھے۔ آگے آنے والوں میں کچھ اور زیادہ Genius نوشاد علی، غلام محمد، شنکر جے کشن، ایس ڈی برمن، او پی نیر، سی رام چندر، مدن موہن، خیام، ہنس راج بہل، سلیل چودھری، وسنت دیسائی، ہیمنت کمار، روشن، ناشاد، چترگپت، آرڈی برمن، لکشمی کانت پیارے لال وغیرہ آئے۔

یہ موسیقار لوگ تھے جنھوں نے بے شمار خوبصورت گانوں کی بارش کی جس سے ہلکی پھلکی موسیقی سننے والے شرابور ہوئے۔ ان موسیقاروں میں کون بڑا ہے اور کون چھوٹا یہ کہنا مشکل ہے کیونکہ خوبصورت گانے ان سبھی نے بنائے۔ پھر بھی تین یا چار موسیقار ایسے ہیں جنھیں فہرست میں اوپر رکھنا پڑتا ہے۔ پہلا نام تو موسیقار نوشاد ہی کا ہے جن کے سنگیت میں ہندوستانی کلاسیکی موسیقی یعنی راگ راگنیوں کی دھوم ہے۔ اب راگ راگنیوں والے گانوں اور ان کے موسیقاروں کو تو فہرست میں اوپر ہی رکھا جائے گا کیونکہ راگ اور راگنیاں ہندوستانی موسیقی کی روح ہیں۔ اچھی دُھن ان ہی سے بنتی ہیں جو لازوال ہیں۔ موسیقار ایس ڈی برمن کے بیشتر گانے بنگال اور آس پاس کے پہاڑی صوبوں کی

لوک دھنوں پر مبنی ہیں۔ پھر آیئے موسیقار جوڑی: شنکر جے کشن پر جنھوں نے نہ صرف ہندوستانی اور انگریزی کلاسیکی موسیقی پر بے شمار گانے بنائے بلکہ ملک کے لوک گیتوں اور انگریزی پاپ موسیقی سے بھی فیض حاصل کیا اور بہترین دھنیں بنا کر عوام کے دل جیت گئے۔ اب آیئے موسیقار او پی نیر پر جن کی موسیقی ذرا الگ قسم کی ہے اور جنھوں نے کئی فلموں میں آشا بھوسلے کی آواز لے کر گانوں میں جادو سا بھر دیا تھا۔ لتا منگیشکر کی آواز کے بغیر وہ بہت کامیاب ہوئے۔ ان کے گانوں کی Rhythm میں بڑی مستی ہے۔ انھوں نے پنجابی لوک سنگیت سے فیض حاصل کیا۔

او پی نیر نے ایک بار وودھ بھارتی ریڈیو پر پروگرام دیتے ہوئے کہا تھا کہ ہندوستانی فلموں کے موسیقاروں کی فہرست میں سے تیسرے نمبر پر آنے سے انھیں کوئی نہیں روک سکتا۔ بلا شبہ دو بڑے تو نوشاد اور شنکر جے کشن ہوئے لیکن تیسرے نمبر پر ایس ڈی برمن اور او پی نیر میں سے کسی ایک کو لانے میں میں خود ناکامیاب ہوا ہوں کیونکہ دونوں کی ٹکر یا اہمیت برابر کی ہے۔ تیسرے نمبر پر اگر میں ایس ڈی برمن کو لاتا ہوں تو او پی نیر کے ساتھ ناانصافی ہو جائے گی اور اگر او پی نیر کو تیسرے نمبر پر لاتا ہوں تو ایس ڈی برمن کے ساتھ ناانصافی ہو جائے گی۔ یہ فیصلہ تو آپ کیجیے لیکن مجھے لگتا ہے کہ یہ فیصلہ تو آپ بھی نہیں کر پائیں گے۔

مندرجہ بالا چار موسیقاروں کے بعد فہرست میں پھر کسی کو بھی لاتے رہیے، سب ایک جیسی قابلیت کے لوگ ہیں اور بڑے اچھے ہیں۔ جیسے ہیمنت کمار، غلام محمد، ہنس راج بہل، مدن موہن، سی رام چندر، خیام، سلیل چودھری، روشن، جے دیو، این دتا (فلم سادھنا فیم)، وسنت دیسائی (جھنک جھنک پائل باجے فیم) وغیرہ۔ سب ایک سے بڑھ کر ایک ہیں۔ ان کو فہرست میں اوپر رکھو یا نیچے کوئی فرق نہیں پڑتا۔ سب برابر کے درجے

کے ہیں اور سبھی بہت لائق اور شاندار ہیں۔ میں عموماً تین موسیقاروں کو اپنے موڈ کے حساب سے سنتا ہوں۔ زیادہ شنکر جے کشن کو، پھر اوپی نیر کو۔ اور جس دن نوشاد کی موسیقی سننے کا زبردست موڈ ہو تو پھر نوشاد ہی نوشاد کو سنتا ہوں اور تب لگتا ہے کہ نوشاد سے بڑا کوئی نہیں اور اس میں کوئی شک نہیں کہ ہماری پرانی فلموں کی موسیقی کا بادشاہ نوشاد ہی ہے۔ ششی کپور نے ایک بار کہا تھا کہ سب میں بہتر شنکر جے کشن ہیں۔ کوئی شک نہیں۔ وہ بہترین ہیں مگر نوشاد لاجواب ہیں اور اوپی نیر کسی سے کم نہیں۔ اس بحث سے یہ ثابت ہوا کہ تیسرے نمبر پر رکھے جانے لائق اوپی نیر ہی ہیں۔ ہاں جب کبھی موڈ ایس ڈی برمن کو سننے کا ہو تو سب دھرے رہ جاتے ہیں اور بڑے میاں کا جادو لتا منگیشکر کی آواز میں سر چڑھ کر بولتا ہے۔ ذرا پیئنگ گیسٹ، ابھیمان، عشق پر زور نہیں، دیو داس اور منزل (دیو آنند والی) کے گانے سن کر دیکھیے تو پتہ لگ جائے گا کہ موسیقی کے راجاؤں میں ایک بڑے راجہ ایس ڈی برمن صاحب بھی ہیں۔

ابھی تک میں نے ان موسیقاروں کے 'گانوں کی' بات نہیں کی ہے۔ اب کروں گا تو سوچنا پڑے گا کہ سب میں پہلے یعنی سب سے ٹاپ پر کون سا گانا آتا ہے لیکن یہ کام بھی مشکل ہے کیونکہ بے شمار پرانے گانوں کا جادو سر چڑھ کر بولتا ہے۔ اس سلسلے میں گانوں پر آگے بات کرنے سے قبل اگر ہم گلوکاروں پر تھوڑی سی بات کر لیں تو بہتر ہو گا۔ جیسا کہ آپ جانتے ہیں مرد گلوکاروں میں کے ایل سہگل، پنکج ملک، محمد رفیع، منّاڈے، مکیش، طلعت محمود، ہیمنت کمار، سی ایچ آتما، کشور کمار اور مہندر کپور سرفہرست ہیں۔ وہیں خواتین گلوکاروں میں لتا منگیشکر، آشا بھوسلے، گیتادت، شمشاد بیگم، ثریا، نورجہاں اور مبارک بیگم اہم ہیں۔ خواتین گلوکاروں میں لتا منگیشکر اور مرد گلوکاروں میں محمد رفیع سب سے بہتر ہیں۔

بے شک سہگل صاحب اونچی چیز ہیں اور دیگر ساری آوازوں سے الگ ہٹ کر ہیں۔ مگر سچ یہ ہے کہ محمد رفیع ان سے بازی مار لے گئے۔ سہگل کے سننے والے بہت ہی کم ہیں جبکہ رفیع کا دیوانہ ہر کوئی ہے۔ انھوں نے ہر رنگ اور ہر موڈ کے گانے گائے ہیں۔ دراصل سہگل کا مقابلہ کسی سے نہیں کیا جاسکتا کہ واقعی وہ بہت اونچی چیز ہیں۔ سی ایچ آتما اور پنکج ملک بھی خاص موڈ میں سننے کی چیز ہیں لیکن یہ تینوں آج کے وقت میں پیچھے رہ گئے جبکہ لتا منگیشکر، محمد رفیع اور مناڈے سدابہار ہیں۔ خصوصاً لتا منگیشکر اور محمد رفیع کی آوازیں امر ہو چکی ہیں اور ممکن ہے کہ ایک ہزار سال بعد بھی سنی جائیں۔

اب گانوں پر بات کرتے ہیں۔ یہ کہنا مشکل ہے کہ لتا منگیشکر کے کون سے گانے بہترین ہیں۔ سب ایک سے ایک اچھے۔ وہ سیب اور آم کے باغ کے لدے ہوئے پھلوں کی طرح ہیں لیکن میرا خیال ہے کہ لتا جی نے فلم 'اُڑن کھٹولہ' میں اپنی بہترین آواز دی ہے۔ مورے سیاں جی اتریں گے پار۔۔۔ میرا سلام لے جا۔۔۔ حال دل میں کیا کہوں۔۔۔ ڈوبا تارا امیدوں کا سہارا چھوٹ گیا۔۔۔ وغیرہ۔ اس کے بعد فلم 'ناگن' کے گانے اور ناگن کے بعد فلم 'امر' کے گانے جو نوشاد ہی نے بنائے۔ ان کے اچھے گانوں کی فہرست اتنی طویل ہے کہ میں گناتے گناتے تھک جاؤں گا۔ چند کے نام سن لیجیے:

اے دل ناداں (رضیہ سلطان)، بول ری کٹھ پتلی (کٹھ پتلی)، تو نے ہائے میرے زخم جگر کو چھو لیا (نگینہ)، محفل میں جل اٹھی شمع (نرالا)، آجاؤ تڑپتے ہیں ارماں (آوارہ)، جو میں جانتی بسرت ہیں سیاہ (جوگن) سیاں پیارا ہے اپنا ملن (دو بہنیں)، پیاسی ہرنی بن بن ڈولے (دو دل)، رجنی گندھا پھول تمھارے (رجنی گندھا)، میرے پھولوں سے بھی پیار (ناستک)، آجا رے میں تو کب سے کھڑی اس پار (مدھومتی) وغیرہ۔ لتا منگیشکر کے گانوں میں سوز بھی ہے، سنجیدگی بھی ہے، مستی بھی ہے اور ان میں انگڑائیاں لیتی مدھ

بھری جوانی بھی ہے۔

اسی طرح محمد رفیع کے اچھے گانے بھی بے شمار ہیں جو گنائے نہیں جاسکتے۔ آپ سنتے ہی رہتے ہیں۔

مندرجہ بالا موسیقاروں کے گانوں میں خاص بات یہ ہوتی تھی کہ دُھنوں اور گانوں میں دل کو چھولینے والی نغمگی تو ہوتی ہی تھی، سازوں کا بہترین جوڑ (سنگت) ہوتا تھا۔ گانا شروع ہونے سے پہلے کے ساز اور پھر مکھڑا اگائے جانے اور انترا آنے سے قبل کے ساز اور ان کی آواز سے نکلی دُھن لاجواب ہوتی تھی۔ نہ جانے کیسے انھوں نے گانے کے شروع میں اور درمیان میں اتنے بہترین ساز بجائے کہ بہترین دھن بن گئی۔

یہ کام بہت مشکل تھا۔ سازوں میں کہیں ڈھیر سارے وائلن تو کہیں گٹار، کہیں مینڈولن، کہیں ستار، کہیں سرود، کہیں اکارڈین، کہیں جل ترنگ، کہیں طبلہ، کہیں کانگو ڈرم، کہیں بونگو ڈرم، کہیں پیانو، کہیں سیکسافون، کہیں ٹرمپیٹ اور نہ جانے کیا کیا۔ ان سازں کا سنگت اتنا لاجواب ہوتا تھا کہ یہ وہی قابل اور عظیم موسیقار کرسکتے تھے کہ جن کے نام میں نے اوپر گنائے۔ ہر کسی کے بس کی بات نہیں تھی۔

آپ شنکر جے کشن کا گانا 'بول ری کٹھ پتلی' اور فلم اناڑی' کے سارے گانے سن کر دیکھیے کہ گانے کے شروع میں اور پھر اندر سازوں سے دھن بجانے میں شنکر جے کشن کا جواب نہیں تھا۔ گانوں میں سازوں کی دُھنیں ان سے اچھی شاید کسی دیگر نے نہیں دیں۔ گانوں کے شروع میں اور اندر بہترین ساز بجانے میں اوپی نیر کا مقام دوسرا ہے۔ ان کے ساز ہی تو دل و دماغ میں مستی پیدا کرتے ہیں۔

ممبئ کی لوکل ٹرین میں ایک زمانے میں پیسے مانگنے والے دو مٹھے بجا کر بڑی پیاری کھٹ کھٹ کی آواز نکالتے تھے۔ اس آواز کا استعمال اوپی نیر نے کئی گانوں میں، خصوصاً

نائٹ کلب کے ڈانس کے گانوں میں استعمال کیا اور کئی گانوں میں انھوں نے سارنگی بھی خوب بجوائی ہے۔ فلموں کے موسیقار لوگ نہ جانے کہاں کہاں سے ساز اور آواز لائے جن کا انھوں نے اپنے گانوں میں استعمال کیا۔ اس طرح کے تجربے اور اتنے پیارے پیارے گانے اور کہاں مل سکتے ہیں۔ شاید کہیں نہیں۔ ایک گانے میں سب کچھ ہوتا ہے۔ پیارے ساز، پیاری دُھن اور پیاری آواز جو سننے والوں کے جذبات کو ٹچ کیے بغیر نہیں مانتی۔ جیسے کہ فلم 'سیما' کا شنکر جے کشن کا بنایا اور محمد رفیع کا گایا گانا 'کہاں جارہا ہے تو اے جانے والے' جیسے فلم 'بسنت بہار' کا منّا ڈے کا گانا 'سر نا سجے کیا گاؤں میں' آج کی ٹیکنالوجی کے زمانے میں ساز تو بڑے اچھے اچھے آگئے ہیں مگر ان سے نغمگی، سرور اور مستی پیدا کرنے والا کوئی نہیں۔

فلمی موسیقاروں کے کئی گانے راگ اور راگنیوں پر بھی مبنی ہیں۔ انھوں نے گانوں میں جابجا راگ بھیروں، راگ یمن اور دیگر کچھ راگوں کا خوب استعمال کیا ہے۔ نوشاد کی فلم 'بیجو باورا' اور شنکر جے کشن کی فلم بیشتر گانے ہندوستانی کلاسیکی موسیقی پر ہی مبنی ہیں۔ ایسے گانوں میں بلا کی نغمگی ہے جو دل کو چھو لیتی ہے۔

فلمی گانوں کو مؤثر بنانے میں بولوں یعنی شاعری کی بڑی اہمیت ہے۔ چنانچہ جیسے شاندار گانے شکیل بدایونی، مجروح سلطان پوری، ساحر لدھیانوی، شیلندر، راجندر کرشن، حسرت جے پوری، راجہ مہدی علی خاں، کیفی اعظمی، جاں نثار اختر، قمر جلال آبادی، اور ایس ایچ بہاری وغیرہ نے بڑی کثرت سے مندرجہ بالا موسیقاروں کے لیے لکھے ویسے پھر کسی نے نہیں لکھے۔ پرانے گانوں کی کشش میں جہاں موسیقاروں کی قابلیت کو دخل ہے وہیں مندرجہ بالا شاعروں اور گیت کاروں کا بھی بڑا Contribution ہے۔

پرانے فلمی گانوں کے شائقین ہندوستان، پاکستان اور دیگر ممالک میں بے شمار ہیں۔

ایسی موسیقی کو نظر انداز کرنا مناسب نہیں۔ ہندوستان میں بہت سے کلب ایسے ہیں جو کبھی کبھی پرانے فلمی گانوں کو نئے گلوکاروں کی آواز میں جب کبھی پیش کرتے ہیں تو بے شمار شائقین ان گانوں پر سر دھنتے ہیں۔ وہ گانے شائقین کے لیے ہماری پرانی فلموں کے موسیقاروں اور گائکوں کا بہت بڑا تحفہ ہیں۔

***

مجروح سلطانپوری اور فلمی نغمے

سریتا چوہان

'جب دل ہی ٹوٹ گیا ہم جی کے کیا کریں گے' جیسے نغمے سے اپنے فلمی گیتوں کے سفر کا آغاز کرنے والے اسرار الحسن خاں یعنی مجروح سلطانپوری اردو کے عظیم ترقی پسند شاعر اور نغمہ ساز تھے۔ مجروح اتر پردیش کے ضلع سلطانپور کے قصبہ کجرٹی میں ۱۹۱۹ یا ۱۹۲۰ میں پیدا ہوئے تھے۔ وہ ذہین طالب علم تھے۔ انھوں نے طب میں مہارت اور شہرت دونوں حاصل کر لی تھی اور ۱۹۳۸ میں کالج سے سند حاصل کرنے کے بعد فیض آباد کے ایک قصبہ ٹانڈہ میں اپنا مطب قائم کیا۔ شاعری سے دلچسپی کے باعث غالباً ۱۹۳۵ یا ۱۹۳۶ میں غزل کا رخ کیا یہ بات اور ہے کہ ان کی غزلوں کی تعداد مختصر ہے، پھر بھی ان کی شاعری لوگوں کے دلوں میں دھڑکتی ہے جس کی اہمیت و انفرادیت سے انکار نہیں کیا جا سکتا۔ ابتدائی دور میں -'اسرار ناصح' نام سے شاعری کرتے تھے لیکن بعد میں 'مجروح-' ہو گئے۔

مجروح نے اس وقت غزل کا دامن تھاما جب نظم کے پیرایے میں اظہار کی راہیں زیادہ آسان تھیں۔ غزل کے اس انحطاط کے وقت میں انھوں نے غزل کو حسن و وقار عطا کیا جو کسی لحاظ سے معمولی جسارت نہیں تھی۔ حالانکہ ان کے ساتھ ساتھ فیض، جذبی، نیاز حیدر، سردار جعفری، مجاز، جاں نثار اختر وغیرہ بھی غزلیں کہہ رہے

تھے۔ ہر ایک کا اپنا الگ فکر اسلوب تھا۔ یہ سبھی ترقی پسند شاعری کے علمبردار بھی ہیں اور ایک دوسرے کے رفیق ورقیب بھی۔ ایسے دور میں مجروح نے خود کی الگ شناخت بنائی۔

جیسا کہ مجروح صاحب نے خود بھی کہا ہے کہ:

میں اکیلا ہی چلا تھا جانب منزل مگر
لوگ ساتھ آتے گئے اور کارواں بنتا گیا

مجروح کی شاعری بھیڑ میں گم ہونے والی نہیں ہے۔ ان کی آواز بھیڑ میں بھی خود کو ظاہر کر دیتی ہے۔ مجروح کی غزلوں کے متعلق وارث کرمانی لکھتے ہیں:

"غالب کے بعد اگر اردو کی پوری غنائی شاعری کے صرف ایک ہزار شعروں کا انتخاب کیا جائے جس میں حالی، داغ، اقبال اور نہ جانے کتنے بلند اقبال شاعر نظر آئیں گے تو اس انتخاب میں مجروح سلطان پوری کا کوئی شعر ضرور آئے گا اور اگر بیسویں صدی میں پیدا ہونے والے تمام شاعروں کے کلام سے سو بہترین غزلیں منتخب کی جائیں تو اس میں مجروح کی کئی غزلیں آ جائیں گی اور پھر سب سے اہم بات یہ ہے کہ اگر ایسے اشعار کو یکجا کیا جائے جو اس وقت باذوق لوگوں کی زبان پر چڑھے ہوئے ہیں تو ان میں مجروح کے شعروں کی تعداد اپنے معاصرین میں سب سے زیادہ ہوگی۔" (ایضاً، ص ۳۵)

اچھے غزل گو ہونے کے باوجود بھی مجروح کی مقبولیت کا باعث فلموں میں لکھے گئے ان کے نغمے ہیں۔ مجروح نے ساٹھ سال کے طویل عرصے تک ہندی فلموں کے لیے گیت لکھے جہاں ایک طرف ان کے غزلوں کی تعداد ۵۰ کے آس پاس ہے وہیں فلمی نغموں کی تعداد ہزاروں میں ہے۔ حالانکہ جاں نثار اختر، ساحر لدھیانوی، کیفی اعظمی اور دیگر شعرا بھی فلموں سے وابستہ تھے اور ان کا تخلیقی سرمایہ بھی اچھا خاصا ہے لیکن مجروح نے فلمی دنیا میں اپنی تخلیقی کاوش کا پرچم لہرایا اور ایک سے ایک سپر ہٹ گانے دیے حالانکہ انھیں اس

بات کا افسوس بھی تھا کہ اب اہلِ فن بھی بیچے اور خریدے جاتے ہیں۔ اس المنا کی کا نوحہ انھوں نے کچھ یوں لکھا ہے۔

ہم ہیں متاعِ کوچہ ٔ و بازار کی طرح
اٹھتی ہے ہر نگاہ خریدار کی طرح

مجروح کے گیتوں کے اس سفر کا آغاز کچھ یوں ہوا کہ آزادی سے دو سال قبل ایک مشاعرے میں حصہ لینے کے لیے مایا نگری ممبئی جانا ہوا جہاں ان کی ملاقات مشہور فلم پروڈیوسر اور ڈائریکٹر اے۔ آر۔ کاردار سے ہوئی، اور جیسا کہ سونے کی پرکھ ایک جوہری ہی کر سکتا ہے کاردار نے بھی اس نگینے کو پہچانا اور اپنی فلم 'شاہجہاں (۱۹۴۶)' کے گیت لکھنے کی درخواست کی۔ پہلے تو مجروح نے منع کر دیا لیکن بعد میں جگر مرادآبادی جو مولانا آسی کے بعد ان کی شاعری کے استاد تھے، کے کہنے پر راضی ہو گئے۔ اتفاق یہ ہوا کہ اس فلم کے نغمے بہت مشہور ہوئے۔ جن میں 'غم دیے مستقل کتنا نازک ہے دل' اور 'جب دل ہی ٹوٹ گیا، ہم جی کے کیا کریں گے' خاصے اہم تھے۔ 'جب دل ہی ٹوٹ گیا' کو کے۔ ایل۔ سہگل صاحب نے اپنے جنازہ پر اس کے رکارڈ کو بجائے جانے کی درخواست کی تھی جو پوری بھی ہوئی۔ یہ گیت آج بھی اتنے ہی پسند کیے جاتے ہیں جتنے کہ ستّر، اسّی سال پہلے۔ اور اس طرح پہلے طب، اس کے بعد ترقی پسند غزل گو اور اب مجروح کے گیتوں کی دنیا کا آغاز ہوا۔

مجروح سلطانپوری کے گیتوں میں اردو شاعری اور لفظیات کی گرفت نے ان کو امر کر دیا۔ ابتدائی دور میں ان کا انداز کلاسیکی تھا لیکن بدلتے وقت کے ساتھ اس میں بھی تبدیلی آئی۔ مجروح کے گیتوں میں گاؤں کی مٹی کی خوشبو کے ساتھ ساتھ ہندوستانی دیہات کی خوبصورتی اور تہذیب نظر آتی ہے اور یہ جذبہ جب پوری شدت کے ساتھ

شعری آہنگ کا جزو بنتا ہے تو نہ چاہتے ہوئے بھی سامع سے ایک رشتہ جوڑ لیتا ہے۔ مجروح کے گیتوں میں ایسے جذبے ان کے نغمے 'بوجھ مرا کیا ناؤں رے، ندی کنارے گاؤں رے (سی آئی ڈی ۱۹۵۶)'، 'جو میں ہوتی راجا تمھری دلھنیاں، مٹک رہتی راجا تورے بنگلے پر' (کالا پانی ۱۹۵۸)، 'ماں ری میں کاسے کہوں پیر اپنے جیا کی، پی کی ڈگر میں بیٹھی میلا ہوا ری مورا آنچرا' (دستک ۱۹۷۰)، 'ٹھارے رہیو او بانکے یار رے' (پاکیزہ ۱۹۷۲)' میں خاصے اثر انداز نظر آتے ہیں جو انھیں عوام کے اور قریب لے آتے ہیں۔

مجروح کے گیتوں میں عورت کے جذبات و احساسات، کیفیات و ادائیں اور ناز و نخرے بھی خوب ملتے ہیں جن میں رومانیت کے ساتھ ساتھ پاکیزگی بھی دامن نہیں چھوڑتی۔ مثلاً: 'وادیاں مرا دامن راستے مری باہیں، جاؤ میرے سوا تم کہاں جاؤ گے (ابھیلاشا ۱۹۶۸)' اور 'لے کے پہلا پہلا پیار، بھر کے آنکھوں میں خمار، جادو نگری سے آیا ہے کوئی جادوگر (سی آئی ڈی ۱۹۶۵)'۔ اس کے بعد فلم 'دوستی' (۱۹۶۴) کا 'میری دوستی میرا پیار'، 'راہی منوا دکھ کی چنتا کیوں ستاتی ہے دکھ تو اپنا ساتھی ہے'، 'چاہوں گا میں تمھیں سانجھ سویرے، پھر بھی کبھی اب نام کو تیرے آواز میں نہ دوں گا' بھی مجروح کے قلم سے نکلے جس نے لچھمی کانت پیارے لال کو لچھمی کانت پیارے لال بنا دیا اور ہندوستانی فلم انڈسٹری کو مجروح کے قالب میں ایک نگینہ مل گیا۔ اس کے علاوہ راجیش روشن، آنند ملند، آر۔ ڈی۔ برمن، او۔ پی نیر وغیرہ کے لیے مجروح صاحب نے نغمے لکھے اور ان کو مشہور کر دیا۔ مجروح نے ہندی سنیما کو کامیاب زبان کے ساتھ ساتھ نئے نئے الفاظ بھی دیے مثلاً۔ صنم، بندہ پرور، محترمہ، قبلہ وغیرہ۔ بقول وہاب اشرفی "وہ خود بھی کہتے ہیں کہ جو طرز انھوں نے ایجاد کی آج سارے گیت کار اسی پر چل رہے ہیں۔ موصوف یہ بھی کہتے ہیں کہ رومانٹک کامیڈی کی ایجاد انھوں نے ہی کی تھی۔" (ایضاً، ص ۶۴)

زندگی کی رومانیت بیانی میں مجروح کو مہارت حاصل ہے یا یوں کہیں کہ ایک نئی روش کا نام ہے مجروح سلطانپوری۔ ان کی رومانیت میں ایک خاص وزن و وقار نظر آتا ہے۔ چند گیت دیکھیں:'چھپا لو دل میں یوں پیار مرا، کہ جیسے مندر میں لو دیے کی (ممتا۱۹۶۶)'،'ہم بے خودی میں تم کو پکارے چلے گئے،ساغر میں زندگی کو اتارے چلے گئے (کالا پانی ۱۹۵۸)'،'ہم انتظار کریں گے تراقیامت تک، خدا کرے کہ قیامت ہو اور تو آئے (بہو بیگم ۱۹۶۷)'،'تصویر تری دل میں جس دن سے اتاری ہے، پھروں تجھے سنگ لے کے نئے نئے رنگ لے کے سپنوں کی محفل میں (مایا۱۹۶۱)'،'محبت نے چھیڑا ہے پھر ساز دل کا،وہ ہر تار میں راگنی بن کے آیا (انداز۱۹۴۹)'،'اب کیا مثال دوں میں تمھارے شباب کی، انسان بن گئی ہے کرن ماہتاب کی (آرتی ۱۹۶۲)'، 'تجھے کیا سناؤں اے دلربا ترے سامنے میرا حال ہے، تیری اک نگاہ کی بات ہے میری زندگی کا سوال ہے (آخری داؤ ۱۹۷۵)'،'کہیں بے خیال ہو کر یوں ہی چھو لیا کسی نے، کئی خواب دیکھ ڈالے یہاں میری بے خودی نے (تین دیویاں ۱۹۶۵)'۔

اس کے علاوہ جیسا کہ ہم واقف ہیں غم و یاس کسی شخص کو نہیں چھوڑتے۔ چونکہ غم اور دل کا معاملہ تو یوں ہے کہ یہ ہمسائے کی مانند ہیں۔ دل ہو اور درد نہ ہو تصور ہی خام ہے اور مجروح اس سے بخوبی واقف معلوم پڑتے ہیں۔ اداسی کے عالم میں، شام کی تنہائی میں، درد بھرے دل میں اور زندگی کی بے وفائی میں مجروح روح تک اتر جاتے ہیں۔ کلیجے کو چھلنی کرنے والی تنہائی مجروح کے گیتوں سے پھوٹ پڑتی ہے۔ مثلاً:'ہم ہیں متاع کوچہ و بازار کی طرح، اٹھتی ہے ہر نگاہ خریدار کی طرح، مجروح لکھ رہے ہیں وہ اہل وفا کا نام، ہم بھی کھڑے ہوئے ہیں گنہگار کی طرح(دستک ۱۹۷۰)'،'پتھر کے صنم تجھے ہم نے محبت کا خدا جانا، بڑی بھول ہوئی ارے ہم نے یہ کیا سمجھا یہ کیا جانا(پتھر کے صنم ۱۹۶۷)'،'ہوئی

شام ان کا خیال آگیا، وہی زندگی کا سوال آگیا (میرے ہمدم میرے دوست ۱۹۶۸)' اور 'انھیں لوگوں نے لے لینا دوپٹہ میرا (پاکیزہ ۱۹۷۲)'، 'ٹکڑے ہیں مرے دل کے اے یار ترے آنسو، دیکھے نہیں جاتے ہیں دلدار ترے آنسو (میرے صنم ۱۹۶۵)' وغیرہ۔

عشقیہ احساسات کے علاوہ مجروح زندگی کے اور مرحلے بھی طے کرواتے ہیں۔ رشتوں کی اہمیت کو بھی ان کے گیتوں میں محسوس کیا جاسکتا ہے۔ ان کے یہاں سماجی رشتوں کے مابین تعلق کی ترجمانی نہایت دلفریب انداز میں پیش کی گئی ہے جس سے انسان کو حوصلہ بھی ملتا ہے اور دلکشی کا احساس بھی ہوتا ہے۔ مثلاً: 'اے ماں تری صورت سے الگ بھگوان کی صورت کیا ہوگی (دادی ماں ۱۹۶۶)'، 'بابل پچھتائے ہاتھوں کو مل کر، کاہے دیا پردیس ٹکڑے کو دل کے (بمبئی کا بابو ۱۹۶۰)'، 'ہم ہیں راہی پیار کے ہم سے کچھ نہ بولیے، ہم سے جو پیار سے ملا ہم اسی کے ہو لیے (نو دو گیارہ ۱۹۵۷)'، 'راہی منواں دکھ کی چنتا کیوں ستاتی ہے، دکھ تو اپنا ساتھی ہے (دوستی ۱۹۶۴)'، 'مری دنیا ہے ماں ترے آنچل میں، شیتل چھایا تو دکھ کے جنگل میں (تلاش ۱۹۶۹)' وغیرہ۔

اس کے علاوہ چند گیت بالکل الگ انداز کے ہیں۔ جیسے 'بابو سمجھو اشارے، ہارن پکارے، پم پم پم (چلتی کا نام گاڑی ۱۹۵۸)'، 'پانچ روپیہ بارہ آنا (چلتی کا نام گاڑی ۱۹۵۸)'، 'ہم تو محبت کرے گا (دلی کا ٹھگ ۱۹۵۸)'، 'اچھا جی میں ہاری چلو مان جاؤ نا (کالا پانی ۱۹۸۵)'، 'اک لڑکی بھیگی بھاگی سی، سوتی راتوں میں جاگی سی (چلتی کا نام گاڑی ۱۹۵۸)' وغیرہ۔

مجروح کے گیتوں کی ہر نسل دیوانی ہے، کیا بوڑھے، کیا بچے اور کیا جواں دل نوجوان کیوں کہ مجروح نے خود کو وقت کے ساتھ بدلا ہے۔ یہ ہنر سب کو نصیب نہیں ہوتا۔ نئی نسل کو خطاب کرکے جو گیت انھوں نے لکھے ہیں ان میں 'ایسے نہ مجھے تم دیکھو، سینے سے

لگالوں گا(ڈارلنگ ڈارلنگ ۱۹۷۷)'، 'بچنا اے حسینو لو میں آگیا (ہم کسی سے کم نہیں ۱۹۷۷)'، 'چلا جاتا ہوں کسی کی دھن میں، دھڑکتے دل کے ترانے لیے (میرے جیون ساتھی ۱۹۷۲)'، 'باہوں میں چلے آؤ، ہو ہم سے صنم کیا پردا (انامیکا ۱۹۷۳)'، 'چرالیا ہے تم نے جو دل کو نظر نہیں چرانا صنم (یادوں کی برات ۱۹۷۳)'، 'یہ دل نہ ہوتا بے چارہ، قدم نہ ہوتے آوارہ (جویل تھیف ۱۹۶۷)'، 'پاپا کہتے ہیں بڑا نام کرے گا بیٹا ہمارا ایسا کام کرے گا، مگر یہ تو کوئی نہ جانے کہ میری منزل ہے کہاں (قیامت سے قیامت تک ۱۹۸۸)'، اور 'جانم سمجھا کرو (۱۹۹۹)' وغیرہ قابل توجہ ہیں۔

نوجوان دلوں کو کھلانے، ان کے غم میں شریک ہونے اور ان کی محبت میں جھومنے اور گزرتے وقت کے ساتھ بڑھتی تکلیفوں اور مایوسیوں سے پار پانے کا جو ہنر مجروح کو تھا وہ نایاب تھا۔ یہی وجہ ہے کہ مجروح صاحب کا فن آج بھی نیا ہے جس کا ثبوت یہ ہے کہ آج بھی ہم ان کے نغموں کو گنگناتے جا رہے ہیں۔ ان کے گیت نہ صرف عوام کے لیے ہیں بلکہ یوں محسوس ہوتا ہے کہ وہ انسان کو زندگی کا آئینہ دکھا رہے ہیں۔ اور اس طرح مسکراتے اور زندگی کی راہیں دکھاتے مجروح سلطانپوری ۲۴ مئی ۲۰۰۰ میں اس دنیا کو الوداع کہہ گئے اور ہمارے لیے اپنی روح کو گیتوں کے قالب میں ڈھال گئے جو انھیں کبھی فنا نہیں ہونے دیں گے۔

مجروح صاحب نے تین سو سے زائد فلموں میں ہزاروں گیت لکھے ہیں جو لافانی ہیں۔ شاہجہاں، انداز، ممتا، دوستی، ساتھی، دستک اور آرتی۔۔۔ سے لے کر خود دار، کالیا، قیامت سے قیامت تک، انداز اپنا اپنا، خاموشی اور غلام تک کا ان کا سفر انھیں ہمیشہ ہماری یادوں میں زندہ رکھے گا۔ فلمی دنیا اور اردو ادب میں ان کی خدمات کے لیے انھیں غالب ایوارڈ (۱۸۰)، امتیاز میر سمان، یوپی اردو اکادمی ایوارڈ، اقبال سمان (۱۹۹۲)، اور فلم کا سب

سے بڑا انعام دادا صاحب پھالکے ایوارڈ (۱۹۹۳) بھی ملا جو کسی بھی تخلیق کار اور اس ادب اور انڈسٹری سے وابستہ لوگوں کے لیے فخر کی بات ہے۔

غرض یہ کہ مجروح صاحب نے اردو ادب کے ساتھ ساتھ ہندوستانی سنیما کو بھی اعلیٰ مقام عطا کیا ہے۔ فلم 'ممتا' میں لکھے ایک گیت کے ساتھ میں اس امید سے اپنے بیان کا اختتام کر رہی ہوں کہ اس گیت کی طرح مجروح صاحب کی تخلیقات بھی اردو ادب اور جواں دلوں کو ہمیشہ معطر کرتی رہیں گی۔

رہیں نہ رہیں ہم، مہکا کریں گے
بن کے کلی بن کے صبا باغ وفا میں

***

راہی معصوم رضا کا فلمی سفر

جگد مبا دوبے

کہا جاتا ہے کہ ادب کی دنیا سے آنے والے لوگ فلموں میں کامیاب نہیں ہو پاتے لیکن راہی معصوم رضا نے اس غلط فہمی کو دور کر دیا۔ انھوں نے عام کامرشیل فلموں میں رہ کر بھی بہترین کام کیا اور اپنا ایک مقام حاصل کیا۔ ایسا بھی نہیں تھا کہ فلموں میں لکھنے کی وجہ سے ان کی ادبی تحریر پیچھے رہ گئی تھی۔ راہی نے دونوں طرف اپنی سرگرمی برقرار رکھی تھی۔ تقسیم ہند کے بعد ہندی افسانوی ادب میں میلا آنچل، آدھا گاوں، تمس اور راگ درباری کو کافی مقبولیت حاصل ہوئی۔ جب کہ ان سبھی ناول کا موضوع الگ الگ ہے پھر بھی ایک ساتھ مل کر ہندوستانی تہذیب کی عکاسی کرتے ہیں۔ 'آدھا گاؤں' کا شمار ہندی میں سب سے زیادہ پڑھے جانے والے ناول میں کیا جاتا ہے۔ راہی معصوم رضا کا یہ ناول اپنے موضوع، مواد اور انسانی حساسیت کی پیشکش کی وجہ سے ہی نہیں بلکہ اپنی زبان کے لحاظ سے بھی بے مثال ہے۔ مشرقی اترپردیش کے بھوجپوری علاقے کی کہانی ہونے کے باوجود یہ علاقائی ناول نہیں ہے۔ یونیورسٹی کے نصاب میں شامل ہونے اور فحاشی کے الزامات اور اس کے اخراج کی وجہ سے سرخیوں میں ضرور آیا تھا لیکن ۱۹۶۶ میں اس کی اشاعت کے بعد سے یہ آج تک ہندی کے مقبول ترین ناولوں میں سے ایک ہے۔ ۱۹۹۵ میں اس کا انگریزی ترجمہ The fuding families of village Gangoli کے

نام سے آیا لیکن دوسرے ایڈیشن میں اس کا نام A village Divided کر دیا گیا۔
راہی معصوم رضا کے والد جناب بشیر حسن عابدی غازی پور ضلع کچہری کے مشہور وکیل تھے۔ اس لیے پورا خاندان وہیں رہا اور وہیں پر تعلیم حاصل کی، لیکن محرم اور عید کے دوران عابدی خاندان کا تعلق گنگولی سے رہا کرتا تھا۔ غازی پور میں ایک مشہور وکیل کے طور پر برسوں تک کام کرنے والے جناب بشیر حسن عابدی کی وجہ سے خاندان میں خوشحالی تھی اور کسی طرح کی کوئی کمی نہیں تھی۔ اس لیے راہی معصوم رضا کا بچپن بغیر کسی پریشانی کے گزرا۔ خاندان بھی مکمل تھا۔ گھر میں بڑے بوڑھوں کی سرپرستی حاصل تھی۔ گھوڑے کی سواری، کرکٹ کھیلنا اور اپنے بڑے بھائی کے ساتھ حویلی کے لان میں پتنگ بازی، کھاتے پیتے گھرانے کے بچوں کی طرح معصوم رضا کا بچپن گزرا۔ راہی معصوم رضا کے بچپن میں شوخی زیادہ تھی اس لیے گھر کے بڑے بوڑھوں کے ساتھ ساتھ بھائی بہنوں کو بھی اپنی شوخی سے تنگ کیا کرتے تھے۔ اس سلسلے میں سید زہیر احمد زیدی لکھتے ہیں کہ :

"خاص طور سے چھوٹی بہن افسری بیگم کو راہی معصوم رضا 'سڑی بو' کہا کرتے تھے کیونکہ ان کے چہرے پر بہت زیادہ پھوڑے پھنسی ہوا کرتے تھے۔ سڑی بو معصوم سے اکثر پٹ جاتیں اور معصوم پٹائی کے ڈر سے بھاگ کھڑے ہوتے۔"

(اپنیاس کار راہی معصوم رضا: سید زہیر احمد زیدی، ص۴)

ابھی راہی معصوم رضا کی تعلیم بھی اچھے سے شروع نہ ہوئی تھی کہ گھر والوں کو احساس ہوا کہ راہی معصوم رضا لنگڑا کر چل رہے ہیں۔ شروع میں ان کی شوخی سمجھ کر نظر انداز کیا گیا لیکن کچھ دنوں بعد حالات کی سنگینی کو مد نظر رکھتے ہوئے جب ٹیسٹ کرایا گیا تو پتہ چلا کہ راہی کو بون ٹی بی کا مرض ہے۔ اس ٹی بی کے مرض نے راہی معصوم رضا کی

زندگی میں نیا موڑ لا دیا اور مستقبل کے ادبی کیریئر کے پس منظر کے طور پر ایک اہم کردار ادا کیا۔ شوخی ٹھہر سی گئی۔ ٹانگوں پر پلاسٹر لگنے کی وجہ سے زندگی میں پیدا ہونے والی خلا میں چنچل پن چھوٹ گیا۔ وہ نہ اب گھوڑے پر سوار ہو سکتے تھے اور نہ ہی حویلی کے لان میں کرکٹ کھیل سکتے تھے۔ ایک چھت سے دوسری چھت تک دوڑنا اور آسمان میں پتنگیں اڑانا خوابوں کا سامان بن گیا۔ ان دنوں انہیں اپنی والدہ کی طرف سے جو خصوصی لاڈ پیار ملا اس نے راہی معصوم رضا میں اپنی والدہ سے ایک خاص لگاؤ پیدا کیا جس کا کمال بعد میں ان کے پورے ادب میں دیکھا جا سکتا ہے۔ بیماری کی وجہ سے انھیں فلمیں دیکھنے کا شوق بھی پورا کرنے کا موقع ملا۔ دوستوں اور ہم جولیوں کے ساتھ پالکی پر بیٹھ کر فلمیں دیکھنے جاتے تھے۔ شاید بیمار بچے کا ذہن فلموں سے بہل جائے شاید اسی لیے خاندان کے بزرگوں نے انھیں فلمیں دیکھنے سے روکنے کے بجائے حوصلہ دیا۔ ان کے فلمی کیرئیر کے لیے بچپن میں ان کے فلم دیکھنے کے شوق نے یقیناً کہیں نہ کہیں ایک پس منظر کے طور پر کام کیا ہے۔ اگر فلمیں ان کی اداسی اور تنہائی کو دور کرنے میں ناکام رہی ہوتیں تو انھیں اردو رسائل اور اخبارات کی پناہ لینی پڑتی۔ علی حسین صاحب جنھیں سب کالو کاکا کہتے تھے خاندان کے گھریلو اور دیگر کاموں کے علاوہ ان کا پسندیدہ کام قصہ سنانا تھا۔ کالو کاکا طلسم ہوش ربا سنانے بیٹھ جاتے۔ رفتہ رفتہ دوسرے بچے تھک جاتے لیکن راہی معصوم رضا کبھی نہیں تھکتے۔

علی گڑھ مسلم یونیورسٹی میں داخل ہونے سے پہلے راہی معصوم رضا نے کسی تعلیمی ادارے سے باقاعدہ تعلیم حاصل نہیں کی۔ بیماری کی وجہ سے ٹانگیں پہلے ہی ٹیڑھی ہو چکی تھیں۔ ڈاکٹروں نے مسلسل علاج کا مشورہ دیا تھا اس لیے پرائیویٹ امتحانات کے ذریعے رفتہ رفتہ تعلیم کا سلسلہ آگے بڑھتا رہا۔ راہی معصوم رضا کی شادی کے ساتھ ہی زندگی میں

اتار چڑھاؤ اور تبدیلیوں کا نیا دور شروع ہو گیا۔ ادب کا بیج راہی معصوم رضا کے ذہن میں اپنی جگہ پہلے ہی بنا چکا تھا لیکن شادی اور اس سے پیدا ہونے والے حالات ان کے نظریاتی عزم کو سمت فراہم کرنے میں اہم کردار ادا کرتے ہیں۔ ان کی شادی اتر پردیش، ضلع امبیڈکر نگر کی تحصیل ٹانڈہ میں واقع گاؤں کلاپور میں مہربانو سے ہوئی تھی۔ مہربانو کا تعلق ایک روایتی قدامت پسند گھرانے سے تھا، جب کہ راہی معصوم رضا کا گھر مغربی تہذیب سے رابطے میں آنے کی وجہ سے زیادہ تر جدید سوچ کا حامل تھا۔

راہی کے دوستوں نے غازی پور کو بنیاد بنا کر ایک ناول لکھنے کا مشورہ دیا تھا اور راہی کی نظموں میں غازی پور بار بار دستک بھی دیتا ہے، اس لیے انھیں یہ مشورہ بے حد پسند آیا اور 'آدھا گاؤں' لکھنا شروع کر دیا۔ راہی اس وقت شعبہ اردو، علی گڑھ مسلم یونیورسٹی علی گڑھ میں عارضی طور پہ لیکچرر ہونے کے ساتھ ساتھ ایک اچھے شاعر میں شمار ہونے لگے تھے۔ 'چھوٹے آدمی کی بڑی کہانی' عنوان سے پرم ویر عبدالحمید کی حیات کے ساتھ ساتھ اردو میں ان کے سات شعری مجموعے شائع ہو چکے تھے جس میں نیا سال، موج گل: موج صبا، رقص مہ، اور 'اجنبی شہر اجنبی راستے خاص طور سے قابل ذکر ہیں۔ علی گڑھ میں اپنے دوستوں کے ساتھ مل کر ایک تنظیم قائم کی جس کا نام 'سنگم' رکھا، جس کے بینر تلے اردو اور ہندی ادب کے تمام پروگرام ہوتے تھے۔ 'آدھا گاؤں' سب سے پہلے فارسی رسم الخط میں لکھا گیا تھا بعد میں راہی نے اپنے دوست کنور پال کے ساتھ لمبے بحث مباحثے کے بعد اس کو دیوناگری میں کیا۔ راہی اردو میں الگ الگ نام سے رومانی ناول لکھتے تھے اور پوری سنجیدگی سے ہندی میں لکھنے کے خواہش مند تھے، ان کی یہ خواہش 'آدھا گاؤں' میں پوری ہوئی۔ اسی طرح ان کا ایک دوسرا ناول 'ٹوپی شکلا' (۱۹۶۸) بھی پہلے فارسی رسم الخط میں لکھا گیا تھا۔ یہاں غور کرنے کی بات یہ ہے کہ یہ ترجمہ نہیں تھا بلکہ رسم الخط بدلا گیا

تھا۔

فلموں کے جراثیم بچپن سے ہی راہی کے ذہن میں تھے علی گڑھ یونیورسٹی سے ایم اے کرنے کے بعد وہ تحقیقی کام میں لگ گئے لیکن ان کی ہمہ گیر شخصیت متحرک رہی۔ راہی معصوم رضا ادبی سرگرمیوں کے علاوہ کچھ دنوں تک یونیورسٹی کے تھیٹر اسٹیج سے بھی وابستہ رہے۔ ان کی ہدایت کاری میں 'گونگی زندگی' نامی ڈرامہ بھی پیش کیا گیا۔ راہی کا ڈرامہ 'ایک پیسے کا سوال ہے بابا' بھی اس وقت بہت مشہور ہوا تھا۔ علی گڑھ میں قیام کے دوران ان کا رابطہ مشہور اداکار بھارت بھوشن کے بھائی رمیش چندر سے ہوا۔ راہی معصوم رضا نے ان کے ساتھ ۱۹۶۳ میں ممبئی کا سفر کیا۔ ان کی تھیٹر کی سرگرمی، رمیش چند کے رابطے اور راہی کی فلموں سے محبت نے پس منظر کے طور پر کام کیا۔ دوسری طرف ان کی ذاتی زندگی کے ہنگاموں نے بھی انھیں فلموں کا رخ کرنے پر مجبور کیا۔

راہی معصوم رضا کی شناخت اردو میں ایک شاعر اور ہندی ادب میں خاص طور سے 'آدھا گاؤں' کے ناول نگار کے طور پر ہوتی ہے، لیکن یہ حقیقت نہیں ہے۔ جس طرح 'آدھا گاؤں' صرف آدھے گاوں کی کہانی نہ ہو کر پورے ہندوستان کی کہانی ہے اسی طرح راہی کی مقبولیت شاعر اور افسانہ نگار ہونے کے ساتھ ساتھ فلمی دنیا میں بھی کسی سے کم نہیں ہے۔ راہی کے فلمی سفر کا آغاز ستر کی دہائی میں ہوا تھا اور فلمی دنیا میں وہ تقریباً دو دہائی سے زیادہ فعال رہے۔ اس دوران انھوں نے مختلف طرح کی فلمیں لکھیں۔ ان کے دل میں ایک بات صاف تھی کہ وہ فلمی دنیا میں پیشہ ور ادیب کی حیثیت سے آئے ہیں۔ اسی لیے انھوں نے خود کو خاص طرح کی فلموں تک محدود نہیں رکھا۔ ستر کی دہائی میں مکل دت کی فلم 'راستے کا پتھر' لکھی جس میں امیتابھ بچن اور شترو گھن سنہا تھے۔ ان کی تمام فلمیں مار پیٹ اور فارمولے والی کامرشیل فلمیں تھیں۔ اس طرح راہی نے اس طرح کی

ٹھیٹھ بمبیا فلمیں لکھنے میں کامیابی حاصل کی وہیں دوسری طرف انھوں نے کچھ سنجیدہ فلمیں لکھیں۔ اس طرح کی فلموں میں 'ملی' اور 'جھوٹی' شامل ہیں۔ یہاں ایک بات کا ذکر اور بھی ضروری ہے اور وہ ہے راہی کی شاعری کا۔ اسکول اور کالج کے زمانے سے ہی راہی کو شاعری کا شوق تھا۔ ان کا ایک شعر اس طرح ہے۔

سوچتا تھا کیسے کٹیں گی راتیں پردیسی کی
یہ ستارے تو وہی ہیں میرے آنگن والے

اس کے علاوہ راہی معصوم رضا کی کچھ غزلیں بھی دل پہ اثر کرتی رہیں۔ مثلاً اشوک کھوسلا کی گائی ہوئی غزل۔

اجنبی شہر کے اجنبی راستے، میری تنہائی پر مسکراتے رہے
میں بہت دیر تک ساتھ چلتا رہا، تم بہت دیر تک یاد آتے رہے

البم 'مسنگ یو' میں راہی کی کئی غزلیں شامل ہیں جس میں ان کی بہو پاروتی خان نے آواز دی ہے۔ پاروتی خان ڈاکٹر راہی معصوم رضا کے بیٹے اور مشہور سنیمٹوگرافر ندیم خان کی ہم سفر ہیں۔ عام طور پر شاعری کا شوق رکھنے والے راہی صاحب کو رشی کیش مکھرجی کی فلم 'آلاپ' میں گانے لکھنے کا موقع بھی ملا۔ اس فلم میں ان کا سب سے اچھا گیت تھا۔

زندگی کو سنوارنا ہو گا
دل میں سورج اتارنا ہو گا

اس گیت کے کچھ حصے غور کرنے لائق ہیں۔

زندگی دھوپ نہیں، سایۂ دیوار بھی ہے
زندگی دھار نہیں، زندگی دلدار بھی ہے
زندگی پیار بھی ہے، پیار کا اقرار بھی ہے

زندگی کو ابھارنا ہو گا

اسی فلم میں راہی معصوم رضا نے 'چاند اکیلا جائے سکھی ری' جیسا عمدہ کلاسکل گیت بھی لکھا تھا۔ گیت تو راہی معصوم رضا نے کچھ ہی فلموں میں لکھے لیکن فلمی دنیا میں ان کا اہم کام رہا مکالمہ لکھنے کا۔ ۱۹۷۸ میں راج کھوسلا نے چندر کانت کاکوڑکر کے ناول پر اپنی فلم بنائی 'میں تلسی تیرے آنگن کی'۔ راہی نے اس فلم کے ڈائیلاگ تحریر کیے اور خوب داد بٹوری۔ اس فلم کے لیے انھیں بہترین مکالمہ نگار کا فلم فیئر ایوارڈ بھی حاصل ہوا۔ ۱۹۸۰ میں سبھاش گھئی نے اپنی پروڈکشن کمپنی مکتا آرٹس کے نام سے بنائی، جس کی پہلی فلم 'قرض' تھی جس کے ڈائیلاگ راہی معصوم رضا نے لکھے تھے۔ اسی سال انھوں نے 'ہم پانچ' جیسی خالص کامرشیل فلم کے ڈائیلاگ بھی لکھے۔ ۱۹۸۱ میں فلم 'راکی' سے سنجے دت کا فلمی سفر شروع ہوا، اس فلم کے ڈائیلاگ بھی راہی صاحب نے لکھے۔ ۱۹۸۳ میں سبھاش کی طوفانی فلم آئی تھی 'ڈسکو ڈانسر'۔ اس نے متھن چکرورتی کو فلمی دنیا کا چمکتا ستارہ بنا دیا تھا۔ اس کی فلم کی کہانی اور ڈائیلاگ دونوں ہی راہی معصوم رضا نے لکھے تھے۔ یہ فلم راہی کے لیے بے حد اہم تھی کیونکہ اس فلم کے سنیمٹو گرافر ان کے اپنے بیٹے ندیم خان تھے۔ آگے چل کر ایسا کئی فلموں میں ہوا۔ ۱۹۸۵ میں بی آر چوپڑا صاحب کی فلم 'طوائف' کی کہانی راہی صاحب اور علیم مسرور صاحب نے مل کر لکھی تھی۔

راہی معصوم رضا ہندی ادب کا ایک ایسا نام ہے جو صرف ادبی تحریر تک محدود نہیں ہے۔ یوں کہا جائے کہ ان کے ادبی کام کو نثر یا نظم کے کسی خاص فریم ورک میں یا اسے کسی ایک زبان ہندی یا اردو سے جوڑنا آسان نہیں ہے۔ جہاں انھوں نے ہندی میں ناول آدھا گاؤں، ٹوپی شکلا، ہمت جونپوری، اسنتوش کے دن، کٹرہ بی آرزو اور سین ۷۵ لکھے وہیں 'محبت کے سوا' اردو میں بھی ایک ناول لکھا ہے۔ ان کا مشہور مہاکاویہ '۱۸۵۷' بھی

ہندی اور اردو دونوں زبانوں میں ہے۔ ممبئی جا کر فلم لکھنے کی شروعات کے ساتھ 'نیم کا پیڑ' اور مشہور مہاکاویہ 'مہابھارت' کے مکالمے لکھ کر تاریخ رقم کرنے والے راہی معصوم رضا کی شخصیت کے بارے میں سب کو جاننا چاہیے۔ 'گنگا اور مہادیو' نظم یہاں آکر پوری ہوتی ہے۔

اپنی نظم وصیت میں لکھتے ہیں۔
مگر شاید وطن سے دور موت آئے بہت ہی دور
اتنی دور موت آئے کہ مجھ کو میری ماں کے پاس لے جانا نہ ممکن ہو تو میری یہ وصیت ہے۔
اگر اس شہر میں یا گاوں میں چھوٹی سی اک ندی بھی بہتی ہو
تو مجھ کو اس کی گودی میں سلا کر اس سے کہہ دینا
کہ وہ گنگا کا بیٹا آج سے تیرے حوالے ہے
وہ ندی بھی میری ماں، میری گنگا کی طرح، میرے بدن کا زہر پی لے گی (نظم: وصیت)

راہی معصوم رضا کی صلاحیت کا اندازہ اس وقت ہوا جب انھوں نے مہابھارت کے لیے لکھا۔ اس کا ایک ایک اپی سوڈ لوگوں نے بے حد غور سے دیکھا اور کئی مرتبہ دیکھا اور اس کی تعریف کی۔ مہابھارت کے راہی معصوم رضا کے لکھے ہوئے مکالمے اتنے اچھے ہیں کہ ان کی وجہ سے نہ صرف ملک بلکہ دوسرے ممالک میں بھی کافی مقبول ہوئے۔ آج وہ ہمارے درمیاں نہیں ہیں لیکن وہ اپنے مکالموں، اپنی نظموں، اپنے ناولوں کے ذریعے دنیا میں ہمیشہ یادرکھے جائیں گے۔

***

ساحر لدھیانوی: ادب اور فلم کے آئینہ میں

رضوانہ پروین

ساحر لدھیانوی کی ولادت ۸ مارچ ۱۹۲۱ کو لدھیانے کے ایک زمیندار خاندان میں ہوئی۔ ساحر کے والد کا نام فضل محمد اور والدہ کا نام سردار بیگم تھا۔ کہا جاتا ہے کہ قرآن مجید سے دیکھ کر والد نے ساحر کا نام عبدالحی رکھا تھا۔ اس لحاظ سے ساحر کا اصلی نام عبدالحی اور قلمی نام ساحر لدھیانوی ہوا۔ ساحر لدھیانوی ایک زمیندار خاندان کے واحد چشم و چراغ ہونے کے باوجود عام انسانوں سی سادہ زندگی گزاری۔ اس کا سبب ان کے والد کا تعیش پسندانہ اور حاکمانہ مزاج تھا۔ ساحر لدھیانوی کی ابتدائی تعلیم لدھیانے میں بڑے ہی غیر محفوظ ماحول میں ہوئی۔ اپنے والد کے غیر قانونی اقدام کے تحت ساحر کی والدہ کے عدم تحفظ کا احساس جب مستحکم ہوتا گیا تو اس کا براہ راست اثر ساحر لدھیانوی کی زندگی پر پڑا۔ ساحر کی پرورش اور تعلیم اُن کی والدہ کے زیر سایہ ہوتی رہی۔ والد کی محبت و شفقت انھیں نہ ملی۔ اسکول میں مولانا فیاض ہریانوی کی تربیت میں انھوں نے اردو فارسی کا علم حاصل کیا۔ پنجابی ان کی علاقائی اور مادری زبان تھی اور انگریزی زبان اسکول میں لازمی تھی۔

ساحر بچپن ہی سے بڑے ذہین تھے۔ چوتھی جماعت میں ہی وہ اپنے ماموں کے وسیلے سے علامہ اقبال کی بالِ جبریل مکمل پڑھ چکے تھے۔ ۱۹۳۷ میں میٹرک کا امتحان

دینے کے بعد فرصت کے اوقات میں شعر گوئی کی جانب راغب ہوئے۔ ابتداً انھوں نے نظمیں کہیں۔ میٹرک پاس کر لینے کے بعد ۱۹۳۸ میں ساحر گورنمنٹ کالج لدھیانہ میں منتقل ہو گئے۔ اس کالج میں گزرے پانچ سال ساحر کی زندگی میں سنگ میل کی حیثیت رکھتے ہیں۔

کالج کے زمانے میں ہی ہندوستانی کمیونسٹ پارٹی کی طلبہ تنظیم آل انڈیا اسٹوڈنٹ فیڈریشن سے ساحر کے روابط استوار ہو چکے تھے۔ اس طرح ساحر کو اپنے احساسات و خیالات و جذبات کے اظہار کا بہترین ذریعہ مل گیا تھا۔ ساحر اپنی نوعمری میں ہی اشتراکی نقطۂ نظر سے نا صرف متاثر ہوئے بلکہ بڑھ چڑھ کر اس نقطۂ نظر کی ترسیل کی۔ اپنی نظموں اور تقریروں میں بھی۔

ساحر پہلے شاعر نہیں جن کا تعلق زمیندار خاندان سے ہو، لیکن وہ پہلے شاعر ان معنوں میں ضرور ہیں جس نے زمیندار خاندان کے چشم و چراغ ہونے کے باوجود کھرے کھوٹے انداز میں اس ماحول و معاشرت کی دھجیاں اڑائی ہوں۔

ساحر لدھیانوی یوں تو کالج کے دنوں میں نعرے لگانے اور پوسٹر لکھنے جیسے جذباتی کاموں میں پیش پیش رہتے ہی تھے لیکن ۱۹۳۹ سے اُن کی تحریریں باضابطہ رسائل میں شائع بھی ہونے لگی تھیں۔ اُن کی ایک نظم 'شعلہ نوائی' ۱۹۳۹ میں ہفتہ وار 'افغان' بمبئی میں شائع ہوئی تھی، جو کافی مقبول ہوئی۔ ساحر ابتداً اے ایچ ساحر کے نام سے لکھا کرتے تھے۔ ساحر نے اپنے لیے تخلص کا انتخاب علامہ اقبال کے لکھے ہوئے مرثیہ 'مرثیہ داغ' کے اس شعر سے کیا:

اس چمن میں ہوں گے پیدا بلبل شیراز بھی
سیکڑوں ساحر بھی ہوں گے صاحب اعجاز بھی

اس طرح وہ چودھری عبد الحی سے ساحر لدھیانوی ہو گئے۔ ساحر نسباً اور مزاجاً پورے پنجابی تھے۔ وہ لدھیانے میں پیدا ہوئے اور زندگی کے تئیس چوبیس سال اس شہر میں گزارے۔ یہ دور ساحر کی شخصیت اور تعمیر کے لحاظ سے تشکیلی حیثیت رکھتا ہے۔ اسی دیار میں انھوں نے ہوش سنبھالا، تعلیم حاصل کی، عاشقی کی، شاعر ہوئے اور عملی زندگی میں بھی قدم جمانے کے لیے جدوجہد کی۔ انسان اور شاعر کی حیثیت سے جو چھاپ پنجاب نے ساحر پر لگائی وہ انمٹ اور مستقل ثابت ہوئی۔ جس کا اظہار ساحر نے اپنی ایک نظم "اے نئی نسل!" میں بخوبی کیا ہے:

یہیں منکر بنے روایت کے
یہیں توڑے روایت کے اصنام
یہیں نکھرا تھا ذوق نغمہ گری
یہیں اترا تھا شعر کا الہام
میں جہاں بھی رہا یہیں کا رہا
مجھ کو بھولے نہیں ہیں یہ در و بام
نام میرا جہاں جہاں پہنچا
ساتھ پہنچا ہے اس دیار کا نام

یہ نظم در اصل ساحر نے اپنی مادر علمی گورنمنٹ کالج لدھیانہ کی گولڈن جبلی تقریب کے لیے لکھی تھی۔ اس تقریب میں ساحر کو گولڈ مڈل سے بھی نوازا گیا تھا۔ درج بالا اشعار سے شاعر کی اپنی مادر علمی کے ساتھ ساتھ اُس کی والہانہ وابستگی کا اظہار ہوتا ہے۔ ان کی کامیاب اور مقبول نظم 'تاج محل' ہے جس کے سبب ساحر راتوں رات شاعر بن گئے۔ اس نظم کا آخری بند قابل توجہ ہے جس نے ہر کس و ناکس کی توجہ اپنی جانب

کھینچی اور یہ نظم ساحر کی مقبولیت کا اولیّن زینہ بنی ملاحظہ ہو:

یہ چمن زار یہ جمنا کا کنارا یہ محل
یہ منقش در و دیوار یہ محراب یہ طاق
اک شہنشاہ نے دولت کا سہارا لے کر
ہم غریبوں کی محبت کا اڑایا ہے مذاق
(تاج محل)

۱۹۴۴ میں ساحر لدھیانوی کا پہلا شعری مجموعہ 'تلخیاں' شائع ہوا۔ اس مجموعے پر قومی جنگ (نیا زمانہ بمبئ) میں تبصرہ بھی شائع ہوا۔ اور بہت پذیرائی ہوئی۔ اسی زمانے میں ساحر نے 'ادب لطیف' کی ادارت سنبھالی۔ ادب لطیف کے اداریے اور تبصرے کی بدولت ساحر ادباء و شعرا میں کافی مقبول ہوئے اور ان کا حلقہ بڑھتا گیا۔

اکتوبر ۱۹۴۵ میں حیدر آباد میں ترقی پسند مصنّفین کی پانچویں کل ہند کانفرنس کا انعقاد ہوا تو ساحر کو مقالہ نگار کی حیثیت سے مدعو کیا گیا۔ ساحر نے 'اُردو کی جدید انقلابی شاعری' پر اپنا مقالہ پیش کیا جسے بہت پسند کیا گیا اور ساتھ ہی ساتھ معتبر اور مقتدر ترقی پسندوں میں ان کا شمار ہونے لگا۔ چنانچہ کانفرنس کے اختتام پر ساحر ترقی پسند ادبا کی ایما پر لاہور کے بجائے بمبئ چلے آئے۔ بمبئ جو اُس زمانے میں ترقی پسند ادباء اور شعراء کا مستقر بنی ہوئی تھی۔ وہاں ساحر کو ذریعہ معاش کی تلاش اور فلموں سے وابستہ ہونے کا موقع ملا۔

بمبئ پہنچنے کے بعد ساحر کرشن چندر کے یہاں ٹھہر کر فلموں کے لیے جد و جہد کرتے رہے۔ قسمت نے ساتھ دیا اور بہت جلد موسیقار ایس ڈی برمن کی سفارش پر فلم 'آزادی کی راہ' کے لیے پہلا بریک ملا۔ اس فلم کے لیے جو نغمہ ساحر نے لکھا اُس کے بول تھے 'بدل رہی ہے یہ زندگی' ان کی دوسری فلم 'نوجوان' تھی جس کے نغمے کے بول تھے

'ٹھنڈی ہوائیں لہرا کے آئیں' اس کے بعد فلم بازی کا مقبول و معروف نغمہ 'تدبیر سے بگڑی ہوئی تقدیر بنا لے اپنے پہ بھروسہ ہے تو داؤ لگا لے' لکھا۔ اس نغمے کی کامیابی کے بعد پھر ساحر نے کبھی پیچھے مڑ کر نہیں دیکھا۔ یہ وہ دور تھا جب ساحر فلمی نغمے لکھنے میں اس قدر منہمک ہو گئے تھے کہ اُن کے پاس تخلیق ادب کے لیے زیادہ وقت نہ تھا۔ اُن کا اہم کارنامہ یہ ہے کہ انھوں نے فلمی نغموں کو ایک معیار عطا کیا۔

اُس وقت شاعری میں آرزو لکھنوی، شکیل بدایونی، پریم دھون، مجروح سلطان پوری اور راجندر کرشن وغیرہ فلمی گانوں کو ادبی معیار کے قریب لانے کی کوشش کر رہے تھے۔

بیسویں صدی کے پانچویں دہے میں ساحر نے نہ صرف عوام اور فلمی اور غیر فلمی ہستیوں کو شاعری کی عظمت کا احساس دلایا بلکہ نغمہ نگاروں کے حقوق کی بحالی کے لیے جو قابل رشک کارنامہ انجام دیے اس کے لیے نغمہ نگار ان کے منّت کش رہیں گے۔ ساحر سے قبل فلمی پوسٹروں پر صرف موسیقار کے نام لکھنے کی روایت تھی ساحر نے اس حق تلفی کے خلاف آواز بلند کی۔ اس زمانے میں ریڈیو سے نشر ہونے والے نغموں میں صرف موسیقار اور گلوکار کا نام ہی لیا جاتا تھا بعد میں ساحر کی کوششوں سے نغمہ نویس کا نام بھی شامل کیا جانے لگا۔

ساحر لدھیانوی کی شعری تصانیف کی تعداد کل چار ہے جن میں تلخیاں، پرچھائیاں، گاتا جائے بنجارا اور آؤ کہ کوئی خواب بنیں، شامل ہیں۔

'تلخیاں' ساحر لدھیانوی کا پہلا شعری مجموعہ ہے جو ۱۹۴۴-۴۵ میں ہی شائع ہو کر مقبول عام ہوا۔ اس کی مقبولیت کا یہ عالم ہے کہ اس کے تیئس جائز اور ناجائز ایڈیشن شائع ہوئے۔

ساحر لدھیانوی کی نظم 'پرچھائیاں' بین الاقوامی امن کے موضوع پر لکھی گئی ایک طویل نظم ہے۔ یہ پہلی دفعہ ۱۹۵۵ میں کتابی صورت میں شائع ہوئی۔ اب یہ نظم ساحر کے دوسرے مجموعہ کلام 'آؤ کہ کوئی خواب بنیں' میں مستقل طور پر شامل ہے۔

'گاتا جائے بنجارا' ساحر کا مشہور و مقبول فلمی نغموں کا مجموعہ ہے، جسے ساحر نے خود ترتیب دیا ہے۔ اس کی پہلی اشاعت ۱۹۵۸ میں ہوئی۔ یہ کتاب اُردو شاعری میں پہلی مثال ہے کہ کس نغمہ نگار نے اپنے فلمی نغموں کو کتابی صورت عطا کی ہو۔ بہر حال ساحر کے چوتھے مجموعہ کلام 'آؤ کہ کوئی خواب بنیں' کا پہلا ایڈیشن ۱۹۷۱ میں منظر عام پر آیا اور تیسرا اور آخری ایڈیشن ۱۹۷۹ میں شائع ہوا۔

ساحر کے یہاں جدت کا جو رجحان ہے وہ فلم 'بازی' میں اور نمایاں ہوا۔ 'جو تدبیر سے بگڑی ہوئی تقدیر بنالے' اور 'گجر کے گانے' سے مترشح ہے۔ ساحر کی فلمی شاعری کا زمانہ جاگ اٹھا ہندوستان (فلم: آزادی کی راہ پر) 'ٹھنڈی ہوائیں لہرا کے آئیں' (نوجوان ۱۹۵۵) ہے 'لوگ عورت کو فقط جسم سمجھ لیتے ہیں' (انصاف کا ترازو ۱۹۸۰) تک کم و بیش تیس سالوں پر محیط ہے۔ ان تیس برسوں میں ساحر نے کبھی بھی اپنے نظریات اور مسلک سے گریز نہیں کیا۔ بلکہ دوہے، گیت، نظم، غزل میں زندگی اور سماج سے متعلق مختلف موضوعات کو سمیٹا ہے۔

اُردو میں ساحر لدھیانوی واحد شاعر ہیں جنھوں نے اپنی شاعری میں تخلص کا استعمال کہیں نہیں کیا ہے۔ ساحر کا کارنامہ یہ ہے کہ انھوں نے اردو شاعری کو ایک منفرد انداز عطا کیا۔ عربی فارسی کے ادق الفاظ سے پرہیز کر آسان الفاظ کا انتخاب جس سے اُن کی شاعری خاص و عام کے لیے یکساں دلچسپی کا سامان بنی۔ زبان کی سلاست کے سبب اُن کی شاعری میں جمالیاتی حسن و نکھار پیدا ہوا۔ سادگی، رعایت لفظی، اسلوبیاتی

جدّت نے اُن کی شاعری کو ایک منفرد انداز عطا کیا۔

ساحر لدھیانوی ایک خوش مزاج، خوش باش اور خوش پوش شخصیت کا نام ہے۔ خوش گفتاری اور مہمان نوازی اُن کی شخصیت کے اہم پہلو ہیں۔ وہ ایک سادہ معصوم اور بامروّت انسان تھے۔ سادگی اُن میں اس قدر تھی کہ وہ ہمیشہ سفید براق قمیص اور پتلون میں ملبوس نظر آتے تھے۔ اُن کی گاڑی کا رنگ بھی سفید ہی تھا۔ کوئی میل اُن پر چڑھی ہی نہ تھی۔

ساحر لدھیانوی اُن گنے چنے نامور شعراء میں ہیں جسے اپنی زندگی میں ہی مقبولیت حاصل ہو چکی تھی۔ بہر حال ساحر کے نغموں میں جہاں ناکام محبت کا درد اور محبوب سے والہانہ محبّت کی کسک نظر آتی ہے وہیں ان کے یہاں احتجاج، تلخی، اور کڑواہٹ بھی دیکھنے کو ملتی ہے۔ وہ درد مند دل کے مالک تھے لہٰذا انسانیت اور انسانی حقوق کی پامالی کے سبب ان کے قلم سے وہ کڑواہٹ اور ترشی اشعار اور بعض اوقات نغمے کی صورت میں نکلیں جس سے فلمی دنیا ہی نہیں بلکہ ادب میں بھی ایک مقام و مرتبہ حاصل ہوا۔ چونکہ ساحر کو دنیا میں تلخیوں کا سامنا ہوا تھا۔ انھیں محبّت میں ناکامی ملی تھی۔ ذات اور مذہب کے نام پر انھیں اپنی محبّت قربان کرنی پڑی اور دل پر پتھّر رکھ کر انھیں یہ کہنا پڑا۔

چلو ایک بار پھر سے اجنبی بن جائیں ہم دونوں
نہ میں تم سے کوئی امید رکھوں دل نوازی کی
اور کبھی سنجیدہ ہو کر زندگی کے فلسفے کو یوں بیان کرتے ہیں۔
ایک پل کی پلک پر ہے ٹھہری ہوئی یہ دنیا
ایک پلک جھپکنے تک ہر کھیل سہانا ہے

ساحر نے نہ صرف مقبولیت بلکہ دولت بھی خوب کمائی۔ نیز بے شمار انعامات و

اعزازات سے نوازے گئے۔ ۱۹۷۲ میں مہاراشٹر حکومت نے انھیں جسٹس آف دی پیس نامزد کیا۔ اُن کے مجموعہ کلام 'آؤ کہ کوئی خواب بنیں' پر ۱۹۷۲ میں اردو اکادمی مہاراشٹر اسٹیٹ لٹریری ایوارڈ سے نوازا گیا۔ جواہر لال نہرو (ہندوستان کے سابق وزیر اعظم) کی وفات پر لکھی گئی ساحر کی نظم کو ان کے مجسمے کے نیچے نصب کیا گیا۔ ۱۹۷۷ میں حکومت پنجاب نے ساحر کو شرومنی اُردو ساہتیہ کار قرار دیتے ہوئے گولڈ میڈل، ابھی نندن گرنتھ سروپال (شال) اور نقد رقم سے نوازا۔ اُن کے انتقال کے بعد پنجاب زراعتی یونیورسٹی لدھیانہ نے ایک خوبصورت پھول کا نام گُلِ ساحر رکھا۔ وفات سے قبل انھیں پدم شری ایوارڈ سے نوازا گیا تھا۔

ساحر لدھیانوی کی مقبولیت کا ایک اہم ثبوت ہے اُن کے کلام کے مجموعوں کے کئی کئی ایڈیشن شائع ہوئے اور مقبول ہوئے۔ انھیں یہ امتیاز حاصل ہے کہ اُن کی شاعری کے نہ صرف ہندوستان کی کئی زبانوں بلکہ انگریزی، فرانسیسی، چیک، روسی، فارسی و عربی جیسی بین الاقوامی زبانوں میں ترجمے کیے گئے اور مقبول ہوئے۔

بمبئی میں رہتے ہوئے ساحر لدھیانوی ادبی اور فلمی دونوں دنیا میں بے حد مقبول و معروف ہوئے۔ یہ ضرور ہے کہ زندگی کے ان ایّام میں دولت و شہرت نے بڑھ کر اُن کی قدم بوسی کی۔ لیکن وہ اپنی نجی اور خانگی زندگی سے بڑی حد تک بے زار رہے۔ اپنے مستقبل کے بارے میں سنجیدگی سے غور و فکر کرنے کا انھیں موقع ہی نہ ملا۔ ممکن ہے کہ اپنے والدین کے انتہائی تلخ اور ازدواجی تعلقات اور خود پچھلے ناکام معاشقوں اور تجربات کے زیر اثر ساحر گھر بسانے اور دنیا میں اپنا خاندان یا اپنی نسل چھوڑ جانے کی فطری انسانی خواہش کو پورا کرنے کی طرف مائل نہ ہوئے اور یوں وہ پوری عمر مجرّد اور کنوارے ہی رہے۔

۲۵ اکتوبر ۱۹۸۰ کی شب میں دس بجے بمبئی کے ورسوا میں اپنے فیملی ڈاکٹر کپور کے گھر علاج کی غرض سے آئے ہوئے تھے اور وہیں دل کے دورے کا خدشہ ہوا اور انتقال کر گئے۔

***

ساحر لدھیانوی کے فلمی نغموں میں محبت و انسانیت

محمد عطاء اللہ

ساحر کے اندر شاعری کی بھرپور صلاحیت موجود تھی اور یہی وجہ ہے کہ انھوں نے غزلیں، نظمیں، نغمے، دوہے، حمد، قوالی، بھجن اور دوگانوں وغیرہ کے ذریعے اپنے جذبات واحساسات، افکار و نظریات اور تجربات ومشاہدات کو پیش کر کے اپنے آپ کو ایک مکمل شاعر ثابت کیا۔ ساحر نے تجربات و حوادث کی تلخیاں خود نوش کی، لیکن عوام و خواص کے لیے امرت کا پیالہ پیش کیا۔ اُن کا پورا کلام عظمت انسانی، اخوت و محبت، امن و آشتی اور مذہبی رواداری سے لبریز ہے۔ کلامِ ساحر کی سحر طرازی نے اپنے معاصرین ومتاخرین میں نہ صرف ان کا قد بلند کیا، بلکہ انفرادیت کا وقار بھی عطا کیا۔

ساحر کی شاعری کے موضوعات میں رومان وانقلاب، ہندوستانی تہذیب ومعاشرت کی عکاسی، جبر واستحصال کے خلاف احتجاج، کسانوں، مزدوروں اور غریبوں کے مسائل، امن و آشتی، انسان دوستی اور مذہبی رواداری وغیرہ اہم ہیں۔ ان کے کلام کے چار مجموعے تلخیاں، پرچھائیاں، آؤ کہ کوئی خواب بنیں اور 'گاتا جائے بنجارا' ہیں۔ مؤخر الذکر ساحر کے فلمی نغموں کا مجموعہ ہے۔

ساحر کی شاعری کا آغاز زمانۂ طالب علمی میں ہی ہو گیا تھا، لیکن ان کی قسمت کا ستارہ اُس وقت اَوجِ ثریا پر مقیم ہوا جب وہ فلمی دنیا سے وابستہ ہوئے۔ جس وقت ساحر لدھیانوی

نے فلمی دنیا میں قدم رکھا اس وقت فلمی نغموں میں رکیک، عریاں، فحش اور گھٹیا قسم کی شاعری ہوتی تھی۔ فلمی شاعری تک بندی اور پھوہڑپن تک محدود تھی۔ فلمی شاعری صرف روزی کمانے کا ذریعہ تھی اور اسی لیے فلمی گیتوں میں معاشرتی تقاضوں اور تہذیبی قدروں کا فقدان تھا۔ ساحر نے شعوری طور پر فلمی نغموں میں ادبیت کی روح پھونکی۔ شروع شروع میں ساحر کو بھی مروجہ فلمی شاعری سے ملتی جلتی شاعری کرنی پڑی، لیکن جلد ہی انھوں نے اپنے آپ کو سنبھال لیا اور اپنی فکری و فنی صلاحیتوں کی بدولت فلمی نغموں کو ادبیت اور سنجیدگی کا معیار بخشا۔ ساحر سے قبل آرزو لکھنوی ہی ایک ایسے شاعر تھے جنھوں نے فلمی نغموں میں کچھ حد تک ادبیت پیدا کرنے کی کوشش کی اور آرزو لکھنوی کے علاوہ شکیل بدایونی، مجروح سلطانپوری، قتیل شفائی اور راجہ مہدی علی خاں نے فلم بینوں کے مزاج اور فلمی نغموں کے معیار کو بدلنے کی کوشش کی لیکن خاطر خواہ کامیابی نہیں ملی۔ ساحر لدھیانوی ہی وہ پہلے شاعر ہیں جنھوں نے اپنے اکابرین و معاصرین کی کوششوں کو عملی جامہ پہنایا اور فلمی دنیا کو ایسے نغمات عطا کیے جن میں مقصدیت اور پیغام کے ساتھ سماجی، سیاسی اور عصری مسائل کی گونج پہلی بار سنائی دی۔ ساحر نے فلمی نغموں کو ذہنی گندگی، فحاشی و عریانیت سے پاک کر کے صاف ستھرا ادبی ذوق عطا کیا۔

ساحر ایک فطری شاعر تھے اس لیے انھوں نے فلمی گیتوں کو ہی تخلیقی اظہار کا ذریعہ بنایا اور فلمی شاعری اور ادبی شاعری کو ایک دوسرے میں مدغم کر کے فلمی شاعری کو ادبی شاعری کے ہم پلّہ بنا دیا۔ یہی وجہ ہے کہ ساحر کے فلمی نغموں کو عوام کے ساتھ ساتھ ادبی ذوق رکھنے والوں نے بھی خوب سراہا اور ہاتھوں ہاتھ لیا۔ ساحر پہلی بار اپنے فلمی نغموں کو 'گاتا جائے بنجارا' کے نام سے کتابی صورت میں ۱۹۷۴ میں منظر عام پر لائے۔ 'گاتا جائے بنجارا' میں کل ۱۶۹ نغمے شامل ہیں، جو غزل، نظم، دوہے، دوگانے، حمد، قوالیاں اور بھجن،

کیر تن وغیرہ کا مجموعہ ہیں۔ اس کتاب کے ابتدائیہ میں اپنی فلمی شاعری کے حوالے سے ساحر لدھیانوی لکھتے ہیں:

" فلم ہمارے دَور کا سب سے موئثر اور کارآمد حربہ ہے، جسے اگر تعمیری اور تبلیغی مقصد کے لیے استعمال کیا جائے تو عوامی شعور کی نشو ونما اور سماجی ترقی کی رفتار بہت تیز کی جاسکتی ہے۔" ا

ساحر نے فلمی گیتوں کو مسائل حیات سے وابستہ کرکے اپنے مقصد کی ترویج و اشاعت کے پلیٹ فارم کے طور پر استعمال کیا اور فلمی نغموں کو حصول زر سے زیادہ اپنے مقصد کی تبلیغ کا ذریعہ بنایا۔ فلمیں چونکہ نشر و اشاعت کا بہترین اور موئثر ذریعہ تھیں جس سے ساحر نے خوب خوب فائدہ اٹھایا۔ ساحر نے فلمی گیتوں میں اپنے مقصد کو شامل کرکے ایک نئی زندگی اور نیا وقار عطا کرنے کے ساتھ فلمی گیتوں کا قلابہ امکانات کی نئی راہوں سے ملا دیا۔ 'گاتا جائے بنجارا' کے ابتدائیہ میں اپنی فلمی نغمہ نگاری کے مقاصد کو واضح کرتے ہوئے ساحر رقم طراز ہیں:

" میری ہمیشہ یہ کوشش رہی ہے کہ جہاں تک ممکن ہو فلمی نغموں کو تخلیقی شاعری کے قریب لاسکوں اور اس صنف کے ذریعے سیاسی اور سماجی نظریہ عوام تک پہنچاسکوں۔ ۲ "

ساحر کے فلمی کیریئر کا آغاز فلم 'بازی' اور 'پیاسا' سے ہوا۔ اس کے بعد اپنے فلمی کیریئر میں ساحر نے تقریباً ساٹھ ستر فلموں کے نغمے لکھے جن میں سے بیشتر نغمے آج بھی لوگ گنگناتے ہوئے دکھائی دیتے ہیں۔ ساحر کے فلمی نغموں کے موضوعات میں وسعت اور تنوع ہے۔ 'گاتا جائے بنجارہ' کے نغموں میں جن موضوعات کو مرکزی حیثیت حاصل ہے، ان میں عشق و محبت، استحصالی نظام کے خلاف احتجاج، انسانی اقدار، امن و آشتی، خود

اعتمادی، انسانی زندگی کی ناپائداری، اتحاد و اتفاق اور میل محبت، جنگ آزادی اور عوام کی بیداری، عورت کے تقدس کی پامالی، فرقہ وارانہ ہم آہنگی، سیکولر اقدار اور مذہبی رواداری وغیرہ اہم ہیں۔

مذہبی رواداری پر ساحر کے نغمے لاجواب اور لازوال ہیں جن کی مقبولیت آج بھی بر قرار ہے۔ فلم 'برسات کی رات' کی قوالی میں مذہبی رواداری، فرقہ وارانہ ہم آہنگی، وحدت معبود اور پیامِ امن کی بات کو ساحر نے موئثر پیرائے میں بیان کیا ہے۔ یہ اشعار دیکھیں۔

کعبہ میں رہو یا کاشی میں نسبت تو اسی کی ذات سے ہے
تم رام کہو کہ رحیم کہو، مطلب تو اسی کی ذات سے ہے
یہ مسجد ہے وہ بت خانہ چاہے یہ مانو چاہے وہ مانو
مقصد تو ہے دل کو سمجھانا چاہے یہ مانو چاہے وہ مانو
یہ شیخ و برہمن کے جھگڑے سب ناسمجھی کی باتیں ہیں
ہم نے تو ہے اتنا جانا چاہے یہ مانو چاہے وہ مانو
گر جذب محبت صادق ہو، ہر در سے مرادیں ملتی ہیں
ہر گھر ہے اسی کا کاشانہ چاہے یہ مانو چاہے وہ مانو

ساحر کا مقصد یہ ہے کہ ہندو مسلمان دونوں بلا تفریق مذہب و ملت آپس میں شیر و شکر ہو کر زندگی گذاریں اور ان کے درمیان مذہب کو لے کر کوئی خلیج باقی نہ رہے۔

ساحر کا ایک مشہور ہندی نغمہ 'تورا من درپن کہلائے' ہے۔ اس ہندی گیت میں ساحر لدھیانوی نے من کی صفائی کا پیغام دیا ہے۔ من، دل یا نفس کو کینہ و بغض اور آپسی عداوت سے پاک صاف رکھنے کی تعلیم تقریباً سارے مذاہب میں ملتی ہے۔ من یا دل ہی

وہ جگہ ہے جہاں ایشور یا اللہ کا بسیرا ہوتا ہے۔ اسی لیے کبیر داس نے اپنے ایک دوہے میں دل کو پاک، صاف اور سچائی سے سجانے کی تلقین کرتے ہوئے لکھا ہے۔

سچ برابر تپ نہیں جھوٹ برابر پاپ
جاکے ہردئے ساچ ہیں تاکے ہردئے آپ

من اگر درپن کی طرح صاف نہیں ہے تو اس دل میں ایشور کا بسیرا نہیں ہو سکتا۔ تورا من درپن کہلائے کا بند دیکھیں۔

بھلے برے سارے کرموں کو دیکھے اور دکھائے
من ہی دیوتا من ہی ایشور من سے بڑا نہ کوئے
من اجیارا جب جب پھیلے، جگ اجیارا ہوئے
جگ سے چاہے بھاگ کوئی لے من سے بھاگ نہ پائے
سکھ کی کلیاں دکھ کے کانٹے من سب کا آدھار
من سے کوئی بات چھپے نا، من کے نین ہزار
جگ سے چاہے بھاگ لے کوئی من سے بھاگ نہ پائے
تورا من درپن کہلائے

انسان کا من ہی اس کے اعمال کا آئینہ ہوتا ہے۔ اگر من صاف ہے تو اس کے سارے اعمال اور کرم درست، ٹھیک اور قابل قبول ہیں ورنہ سب بیکار ہے۔ ساحر نے اپنے اس ہندی گیت کے ذریعے تمام انسانوں کو من صاف رکھنے کا آفاقی درس دیا ہے۔

ساحر کا مشہور زمانہ فلمی بھجن 'اللہ تیرو نام'، 'ایشور تیرو نام' جو فلم 'ہم دونوں' میں شامل ہے، میں بڑی عقیدت کے ساتھ ایشور اور اللہ کو ایک مان کر سب کی خوش حالی اور خیر سگالی کی دعا کی ہے۔ پہلے بھجن کے بند ملاحظہ فرمایئے۔

اللہ تیرو نام، ایشور تیرو نام

سب کو سمتی دے بھگوان

اللہ تیرو نام، ایشور تیرو نام

او سارے جگ کے رکھوالے

سب کو سمتی دے بھگوان

اللہ تیرو نام، ایشور تیرو نام

بلوانوں کو دے دے گیان

سب کو سمتی دے بھگوان

اللہ تیرو نام، ایشور تیرو نام

ساحر نے 'سب کو سمتی دے بھگوان' کہہ کر سارے مذاہب کے لوگوں کے لیے عقل سلیم اور خوش حالی و خیر سگالی کی دعا کی ہے۔ ساحر کا ماننا ہے کہ گیان یا عقل سلیم سے ہی مذہبی منافرت ختم ہو سکتی ہے۔

فلم 'دو کلیاں' کا نغمہ 'بچے من کے سچے سارے جگ کی آنکھ کے تارے' بظاہر بچوں کی نفسیات پر لکھا گیا نغمہ ہے لیکن اس نغمہ میں بڑی گہری معنویت ہے۔ ساحر نے بچوں کے حوالے سے انسانیت، اخوت و محبت اور مذہبی رواداری کا درس دیا ہے۔ دراصل بچے آنکھ کے تارے اور سب کے دلارے اسی لیے ہوتے ہیں کہ ان کے دل صاف ہوتے ہیں اور صاف دل میں بھگوان کا بسیرا ہوتا ہے اس لیے یہ بچے بھگوان کو بھی پیارے لگتے ہیں۔ اگر انسان بھی ان بچوں کی طرح سیدھے، سچے اور صاف بن جائیں تو پوری دنیا سے مذہبی منافرت کا خاتمہ ہو سکتا ہے۔ یہ بند دیکھیں،

بچے من کے سچے سارے جگ کی آنکھ کے تارے

یہ وہ ننھے پھول ہیں جو بھگوان کو لگتے پیارے

تن کومل، من سندر ہیں، بچے بڑوں سے بہتر ہیں

ان میں چھوت اور چھات نہیں جھوٹی ذات اور پات نہیں

بھاشا کی تکرار نہیں مذہب کی دیوار نہیں

ان کی نظروں میں ایک ہیں مندر مسجد گرودوارے

فلم 'دھول کا پھول' کا نغمہ 'تو ہندو بنے گا نہ مسلمان بنے گا۔۔۔ انسان کی اولاد ہے انسان بنے گا" ہر سننے والوں کے کانوں میں نہ صرف رس گھولتا ہے بلکہ گیت سنتے ہی وہ گیت کی مدھر وانی میں گم ہو جاتا ہے۔ ساحر کا یہ نغمہ ان کی مثبت فکر کی غمازی کرتا ہے۔ تقسیم ملک کے وقت سرحد کے دونوں طرف مذہب اور ذات کے نام پر قتل وغارت گری کا ایسا ننگا ناچ ہوا کہ شیطان بھی شرمسار ہو گیا۔ مذہب اور ذات پات کے نام پر خون کی جو ہولی کھیلی گئی اُس سے ساحر لدھیانوی نے دل برداشتہ ہو کر یہ نغمہ لکھا اور اس نغمے کے توسط سے آنے والی نسلوں کو یہ درس دیا کہ وہ نہ ہندو بنیں اور نہ مسلمان بنیں بلکہ صرف انسان بنیں۔ بند ملاحظہ فرمائیں۔

تو ہندو بنے گا نہ مسلمان بنے گا

انسان کی اولاد ہے انسان بنے گا

مالک نے ہر انسان کو انسان بنایا

ہم نے اسے ہندو یا مسلمان بنایا

قدرت نے تو بخشی تھی ہمیں ایک ہی دھرتی

ہم نے کہیں بھارت کہیں ایران بنایا

نفرت جو سکھائے وہ دھرم تیرا نہیں ہے

انسان کو جو روندے وہ قدم تیرا نہیں ہے
قرآں نہ ہو جس میں وہ مندر نہیں تیرا
گیتا نہ ہو جس میں وہ حرم تیرا نہیں ہے
تو امن کا اور صلح کا ارمان بنے گا
انسان کی اولاد ہے انسان بنے گا

ساحر اس مذہب کے متلاشی ہیں جہاں نفرت کا ذرہ برابر بھی نام و نشان نہ ہو جہاں نہ کوئی ہندو ہو نہ مسلمان ہو بلکہ صرف انسانیت کا مذہب ہو۔ اس نغمے کے توسط سے ساحر نے صلح کل کا آفاقی پیغام پیش کیا ہے۔

فلم 'چتر لیکھا' کا بھجن 'من رے تو کاہے نہ دھیر دھرے " میں دنیاوی موہ مایا کے چکر سے باہر نکلنے کا درس دیا ہے کیونکہ دنیا کی ساری پریشانیوں کی وجہ موہ مایا ہی ہے۔ یہ بند دیکھیں۔

من رے تو کاہے نہ دھیر دھرے
وہ نرموہی موہ نہ جانے، جن کا موہ کرے
من رے تو کاہے نہ دھیر دھرے

اسی طرح اپنے ایک بھجن میں رام کے جنم اور ان کے بن باس کا تذکرہ کرتے ہوئے لکھتے ہیں کہ رام کا اوتار ہر جگ میں ہوتا رہا ہے لیکن دنیا والوں کے رویے سے دل برداشتہ ہو کر رام کو بن باس اختیار کرنا پڑتا ہے کیونکہ رام کی پوجا سب کرتے ہیں لیکن رام کی تعلیمات پر کوئی عمل نہیں کرتا۔ دنیا والوں کو اگر رام کا صحیح ارتھ معلوم ہو جائے تو سارے مذہبی جھگڑے ختم ہو سکتے ہیں۔ بھجن کے بند ملاحظہ فرمائیں۔

رام ہر جگ میں آئے پر کون انھیں پہچانا

رام کی پوجا کی جگ نے پر رام کا ارتھ نہ جانا
تکتے تکتے بوڑھے ہو گئے دھرتی اور آکاس
جب جب رام نے جنم لیا تب تب پایا بن باس

ساحر لدھیانوی نے بھی رام کی تعلیمات پر عمل پیرا ہونے اور رام کے صحیح ارتھ کو سمجھنے کا درس دیا ہے کیونکہ رام کی شخصیت ایک عظیم انسان نمونہ ہے جن سے ہمیں ایثار و قربانی اور محبت و اخوت کا درس ملتا ہے۔ اگر ہم رام کی تعلیمات پر عمل پیرا ہو جائیں تو ایک صحت مند سماج کا خواب شرمندۂ تعبیر ہو سکتا ہے۔ ساحر نے اپنے ایک دوسرے گیت میں پریشان حال لوگوں کو مخاطب کرتے ہوئے کہا کہ

آنا ہے تو آ راہ میں کچھ دیر نہیں ہے
بھگوان کے گھر دیر ہے اندھیر نہیں ہے

دوسرا مصرعہ تو عوام و خواص میں اس قدر مشہور ہے کہ ہر غمزدہ انسان اپنے آپ کو یا ایک دوسرے کو تسلّی دیتے ہوئے یہ کہتا ہے کہ "بھگوان کے گھر دیر ہے اندھیر نہیں ہے۔"

ایک دوسری جگہ ساحر نے عوام الناس اور مسائل حیات میں الجھے ہوئے لوگوں کو مخاطب کرتے ہوئے اپنے تمام مسائل کو بھگوان کے سپرد کرنے کی تلقین کی ہے اور بھگوان کے گھر سے انصاف ملنے تک انتظار کرنے کا درس دیا ہے۔ گیت کے اشعار ملاحظہ فرمائیں۔

جب تجھ سے نہ سلجھیں تیرے الجھے ہوئے دھندے
بھگوان کے انصاف پہ سب چھوڑ دے بندے
خود ہی تیری مشکل کو وہ آسان کرے گا

جو تو نہیں کر پایا وہ بھگوان کرے گا

ساحر نے اپنے فلمی نغموں میں صرف رام یا بھگوان کی تعلیمات کے ذکر پر ہی اکتفا نہیں کیا ہے بلکہ کرشن بھگتی اور دوسرے مذہبی رہنماؤں کی تعلیمات کے ذریعے بھی مذہبی منافرت ختم کرنے کی نہ صرف کوشش کی ہے بلکہ مختلف مذاہب کے مذہبی پیشواؤں اور رہنماؤں کی تعلیمات کو بھی اپنے فلمی نغموں میں پیش کر کے انسانیت کا مذہب اپنانے کا درس دیا ہے۔

ساحر کے یہ تمام نغمے سماجی و طبقاتی تفریق اور مذہبی منافرت کے خلاف ایک مثبت صدائے احتجاج ہیں۔ ان کے فلمی نغموں کی پذیرائی عوام و خواص اور ہر طبقے کے لوگوں میں خوب خوب ہوئی۔ ساحر کی فلمی شاعری کے حوالے سے جاں نثار اختر رقمطراز ہیں:

"کوئی شک نہیں کہ ساحر کا یہ کارنامہ ہے کہ اس نے فلموں کو ایسے گیت دیے جو سیاسی اور سماجی تصور سے لبریز ہیں۔ یہ ایک بڑا قدم ہے جو ساحر نے بڑی دلیری سے اٹھایا۔"۳

اس بات سے کسی کو انکار نہیں کہ ساحر نے فلموں میں بھی آزادانہ طور پر اپنی پسند کی شاعری کی اور فلم کی ضرورتوں کا ایک حد تک ہی خیال رکھا۔ ان کا نقطۂ نظر، ان کے فلمی گیتوں میں صاف طور پر دکھائی اور سنائی دیتا ہے۔ بقول خلیل الرحمٰن اعظمی:

"ان کے فلمی گیت ایک طرف نغمہ و ترنم سے لبریز ہوتے ہیں تو دوسری طرف ان میں نئی کیفیات اور نئے مسائل کا احساس بھی ہوتا ہے۔"۴

ساحر نے اپنے فلمی نغموں کے ذریعے وہ سب کچھ کر دکھایا جو ایک حساس اور بیدار مغز شاعر یا ادیب کو کرنا چاہیے۔ ساحر کے تقریباً سبھی فلمی نغمے حقائق حیات سے وابستہ ہیں اور اپنے عہد کی زندگی سے براہ راست پیوستہ بھی۔ ساحر نے اپنے مذہبی نغموں کے ذریعے

ایک منصفانہ سماجی نظام اور امن عالم کے قیام کی مثبت کوشش کی اور اپنے نغموں کے ذریعے مذاہب کے باہمی ٹکراؤ کو ختم کرنے کی شعوری طور پر کوشش کی۔ ساحر کے سبھی فلمی نغموں میں مقصدیت حاوی ہے۔ ان کے فلمی نغموں میں جہاں سنجیدہ فکری عناصر ہیں وہیں مسرت و بصیرت سے بھی معمور ہیں۔ ساحر ایک شاعر کے ساتھ ساتھ اپنے وقت کا ایک مفکر و مدبر بھی تھا جس نے اپنے محسوسات کو فلمی نغموں میں ڈھال کر سماجی و سیاسی شعور کا محرک بنا دیا۔

ساحر کی فلمی شاعری ابہام سے پاک ہے۔ ساحر کی شاعری کی بنیاد شدت احساس ہے اور یہی شدت احساس اس کے اسلوب کا حسن بھی ہے۔ ساحر نے اپنے فلمی نغموں کو احساس و فکر اور ادب کا جامہ پہنا کر اپنے اسلوب کے معیار کو بر قرار رکھا۔ ساحر کا بڑا کارنامہ یہ ہے کہ فلمی نغموں کو سامعین و ناظرین کے مزاج اور حسن سماعت کے پیکر میں ڈھال کر ادبی و قار عطا کیا اور عام فہم اور عوامی زبان میں ایسے مسحور کن نغمے لکھے جس کو عوام و خواص اور ادبی ذوق رکھنے والے سب نے پسند کیا۔ ساحر کی فلمی شاعری کی خوبیوں کا اعتراف کرتے ہوئے ڈاکٹر ظ۔ انصاری رقمطراز ہیں:

"فلمی موسیقی کو اردو شعر کی زبان دینے میں ساحر کا نام ہمیشہ سر فہرست رہے گا۔"

۵

فلمی شاعری کو معیار و وقار اور شعری محاسن سے مزین کرنے میں ساحر نے کلیدی رول ادا کیا۔ فلمی دنیا کے کیچڑ میں اپنے نغموں کو عریانیت و فحاشی سے پاک کر کے فلمی نغموں کو ایک نیا وژن عطا کیا۔ یہی وجہ ہے کہ ساحر کی شخصیت بھی فلم انڈسٹری میں ایک کنول کے پھول کی طرح ہمیشہ صاف و شفاف رہی اور ایک فاتح کی طرح ساحر کی سربلندی اور انفرادیت کا پرچم فلم انڈسٹری میں لہراتا رہا۔

آج ساحر ہمارے درمیان نہیں ہیں لیکن ان کے نغموں کی پرچھائیاں یہ گنگناتے ہوئے ہمارا تعاقب کر رہی ہیں کہ

بانٹ کے کھاؤ اس دنیا میں بانٹ کے بوجھ اٹھاؤ
جس رستے میں سب کا سکھ ہو وہ رستہ اپناؤ
اس تعلیم سے بڑھ کر جگ میں کوئی نہیں تعلیم
کہہ گئے فادر ابراہیم

حواشی

ابتدائیہ ، گاتا جائے بنجارا، ساحر لدھیانوی، رابعہ بک ہاؤس، بخشی مارکیٹ، لاہور، ص ۱۱

ابتدائیہ ، گاتا جائے بنجارا، ساحر لدھیانوی، رابعہ بک ہاؤس، بخشی مارکیٹ، لاہور، ص ۱۳

بحوالہ ساحر لدھیانوی : حیات اور شاعری ، سید ضیاء الرحمن ، ایجوکیشنل پبلشنگ ہاؤس، دہلی، ۲۰۰۹، ص ۱۷۸

اردو میں ترقی پسند ادبی تحریک، خلیل الرحمن اعظمی، علی گڑھ ، ۱۹۷۲، ص ۱۱۷

بحوالہ 'تحفہ' (ساحر لدھیانوی کی حیات اور شاعری کا ایک جائزہ) سید احتشام حسین، بزم ساحر ٹانڈہ، فیض آباد، ۱۹۸۹، ص ۱۵۸

***

بھارت رتن لتا منگیشکر: میری آواز ہی پہچان ہے

ابرار رحمانی

بھارت رتن ہو، یا ہندوستاں کا لعل، سبھی فانی ہیں۔ اس لیے سبھی کو ایک دن موت کا مزہ چکھنا ہے۔ سو ہماری دیدی بھی ہم سے رخصت ہو کر چلی گئیں۔ رب دی مرضی، رب ہی جانے، ہم آپ اس میں کیا کر سکتے ہیں۔ لیکن انھوں نے جتنا اور جس قدر نغموں کو اپنی آواز دی ہے وہ انھیں لافانی بنانے کے لیے کافی ہیں۔ وہ آواز جو ان کی پہچان ہے وہ آواز جسے وہ خود بھی پہچانتی تھیں اور دنیا بھی۔ جتنی بلند ان کی آواز ہوتی تھی اس سے کہیں زیادہ اونچی ہماری سماعت ہو جاتی ہے۔ لتا دیدی کے ساتھ آنجہانی لکھتے ہوئے کلیجہ منھ کو آتا ہے۔ لیکن قدرت کا قانون اٹل ہے۔

خیر جب ہم فانی ٹھہرے اور اس حقیقت سے ہم سبھی بھلی بھانتی واقف ہیں تو شکایت کیسی بلکہ ہمیں خوش ہونا چاہیے کہ ہم جن کی آواز اور انداز کو پسند کرتے ہیں اور جس آواز پر نہ صرف ہمارے کان متوجہ ہو جاتے ہیں بلکہ اکثر و بیشتر ان کی آواز پر ہمارے رونگٹے کھڑے ہو جاتے ہیں۔ لتا دی جب دیس بھگتی کے گانے گاتی ہیں یا جنگ آزادی سے متعلق یا پھر عام انسانیت کے گانے ہوں ان گانوں کے جب سُر بلند ہوتے ہیں تو اکثر ہم بے قرار اور بے خود ہو جاتے ہیں۔ ہماری آنکھیں خود بخود چھلک پڑتی ہیں۔ ہماری سنجیدگی ماحول کی سوگواری میں تبدیل ہونے لگتی ہے۔ مجروح سلطان پوری کہتے

ہیں۔

ایک لمحے کو جو سن لیتے ہیں آواز تیری
پھر انھیں رہتی ہے جینے کی تمنا برسوں

وہ جب کوئی گیت گاتی تھیں اور اکثر وہ اردو کے ہی گیت و نغمہ گاتی تھیں۔ وہ اپنے گانوں کی زبان کو اردو ہی کہتی تھیں۔

سوگواری کے اس ماحول میں لوگ اپنے اپنے طور سے خراج عقیدت پیش کرتے رہے، کوئی پھول، تو کوئی گلدستہ پیش کر کے خراج عقیدت پیش کرتا رہا تو کوئی محض زبانی تحسینی کلمات کے ذریعے مرحومہ کے گھر والوں سے، مرحومہ کی خوبیاں بیان کر کے ان کی مغفرت کی دعا کرتا ہے اور متعلقین کو صبر کی تلقین کرتا ہے۔

لیکن لتادی جیسی عظیم گلوکارہ کے تئیں جو خراج عقیدت مزمل حق نے جس طرح پیش کیا وہ دوسرے تمام شعبہ ہائے جات کے ارکان و افراد کے خراج عقیدت سے کہیں مختلف اور خوش نما اور قیمتی تھا۔ ان کے مرنے کے فوراً بعد لتا کے گانوں کا ایک لامتناہی سلسلہ شروع ہو گیا جو اب تک جاری ہے اور نہ جانے کب تک جاری رہے گا۔ یوں بھی جب ان کی زندگی میں ہی پچھلی چھ سات دہائیوں سے یہ گانے سنے جا رہے ہیں اور سر دھنے جا رہے ہیں تو اب تو خراج تحسین اور خراج عقیدت پیش کرنے کے لیے یہ ایک بہترین ذریعہ ہے۔ لیکن آئی، ٹی، بی، پی کے ایک جوان مزمل حق کا خراج عقیدت پیش کرنے کا کچھ اور ہی انداز تھا۔ اس نے لتادیدی کے گائے ہوئے مشہور گیت

اے میرے وطن کے لوگو، ذرا آنکھ میں بھر لو پانی
جو شہید ہوئے ہیں ان کی، ذرا یاد کرو قربانی

کو مزمل حق نے سیکسوفون پر اس انداز میں پیش کیا کہ نہ چاہتے ہوئے بھی ہماری

آنکھیں نم ہو گئیں اور آنسو چھلک پڑے۔ مزمل حق کا یہ ویڈیو دو منٹ ۱۹ سکینڈ کا تھا۔ جسے فیس بک پر بڑے پیمانے پر پیش کیا گیا۔ اور بڑے شوق سے سنا گیا۔ مزمل کا یہ انداز لوگوں کو بہت پسند آیا۔ سوشل میڈیا کے تمام ایپس انسٹاگرام، ٹیوٹر، واٹس ایپ اور گوگل وغیرہ پر خود لتا منگیشکر بھی عام طور پر اپنے مداحوں اور چاہنے والوں کو پیغام بھیجا کرتی تھیں۔ انھوں نے اپنے آخری پیغام میں یکم جنوری ۲۰۲۲ کو اپنے مداحوں اور فینس کے نام نیک خواہشات کی تھی۔ بلاشبہ لتاجی کے جانے سے فلم صنعت کے ایک زریں دور کا خاتمہ ہو گیا۔

لتاجی نے شادی نہیں کی۔ اس کی ایک بڑی وجہ تو یہ رہی کہ وہ فلمی دنیا میں بہت زیادہ مصروف رہیں۔ دوسرے یہ کہ شاید اوپر والے نے ان کی جوڑی ہی نہیں بنائی تھی۔ بچپن میں ہی پتاجی کے انتقال کے بعد پوری فیملی کی ذمے داری ان کے کاندھوں پر آگئی تھی۔ اور وہ اس ذمے داری کو نبھانے میں شاید بھول گئیں کہ زندگی گزارنے کے لیے ایک ساتھی کی بھی ضرورت ہوتی ہے، لیکن انھوں نے خود کو نغمہ و سرود میں کچھ اس قدر ڈبو لیا تھا کہ انھیں یہ سوچنے کی فرصت ہی نہیں ملی کہ زندگی کا ایک اہم مرحلہ، ایک انتہائی اہم موڑ شادی ہے۔ انھوں نے شادی کی لیکن اپنے پروفیشن سے، اپنے کام سے۔ وہ اپنے کام اپنے پروفیشن کے تئیں کچھ اتنی وفادار رہیں کہ انھیں انسانی خواہش، طلب اور ضرورت کی شدت کا احساس ہی نہیں رہا۔ ان کے لیے ان کا پروفیشن یعنی گلوکاری عبادت بھی تھی اور ریاضت بھی، پوجا بھی اور سادھنا بھی۔ انھوں نے بے شمار فلموں کے لیے بے شمار شادی کے نغمے گائے ہوں گے اور شادیانے بجائے ہوں گے پھر بھی انھیں اپنی شادی کی نہ تو کبھی یاد آئی اور نہ ہی اس کے لیے تگ و دو کی۔

یوں بھی شاعر نے سچ کہا ہے۔

کبھی کسی کو مکمل جہاں نہیں ملتا
کہیں زمیں تو کہیں آسماں نہیں ملتا

انھوں نے کم و بیش اپنے ۷۰ سالہ کیریئر میں کتنی فلموں میں کام کیا کتنوں میں اداکاری کی اور کتنی فلموں کے لیے گانے گائے، شاید انھیں خود یاد نہیں تھا۔ انھیں صرف فلم فلم اور صرف فلم کی یاد رہ گئی تھی۔ البتہ انھوں نے اپنے بھائی بہنوں کا نہ صرف کیریئر سنوارا بلکہ ان کی شادیاں بھی کرائیں۔ ان کے گھر میں بلکہ خاندان میں ان کی حیثیت ایک سرپرست اور ایک گارجین کی تھی۔ انھوں نے اسے اپنا فرض سمجھ کر بخوبی نبھایا۔

لتا منگیشکر کا جنم ۲۸ ستمبر ۱۹۲۹ کو اندور کے ایک معمولی کھاتے پیتے گھرانے میں ہوا۔ گھر میں کسی قسم کی کوئی تنگی نہ تھی لیکن انھوں نے ابھی ٹھیک سے ہوش بھی نہیں سنبھالا تھا کہ ان پر غموں کا پہاڑ ٹوٹ پڑا۔ ان کے پتاجی کا ان کے بچپن میں ہی انتقال ہوگیا اور ان کا خاندان تنگ دستی کا شکار ہوگیا۔ انھوں نے بچپن کے ان دنوں کو یاد کرتے ہوئے اپنی سوانح سُر گاتھا میں بتایا تھا کہ ہم پریشان حال تھے، ماں کے زیورات ایک ایک کر کے بک چکے تھے ناک میں صرف ایک کیل بچی تھی۔ چنانچہ لتاجی نے ان دنوں بہت جدوجہد کی اور جلد ہی ان کی محنت رنگ لائی۔ ان کی بدحالی اور تنگی کے دن بیت گئے اور وہ خوش حالی کی طرف گامزن ہوگئیں۔ انھوں نے سب سے پہلے اپنی ماں کے تمام زیورات ایک ایک کر کے ٹھیک اسی قدر بنوا کے ان کی خدمت میں پیش کر دیا۔ اسے کہتے ہیں کوشش کرے انساں، تو کیا ہو نہیں سکتا اور جب ۶ فروری ۲۰۲۲ کو ان کا انتقال ہوا تو وہ فلم انڈسٹری کے چند مالدار ترین لوگوں میں سے ایک تھیں۔ اوپر والا کب کسی کو نواز دے یہ وہی جانتا ہے۔ انسان کا کام محنت کرنا ہے؛ ایمانداری شرط ہے۔ ایک انسان کے

اندر کون سی صلاحیت پوشیدہ ہے اس کی شناخت وہ خود کر سکتا ہے، لیکن اس کے لیے سنجیدگی، شرافت اور اطاعت لازم ہے۔ لتا جی کی انتر آتما نے اس بات کا بخوبی احساس کرا دیا تھا۔ پھر فلمی دنیا میں ان کے خیر خواہ اور چاہنے والوں نے بھی ان کی رہنمائی کی۔ لتا منگیشکر کی یہ سوانح حیات خود نوشت نہیں۔ بلکہ یہ یتیندر مشرا کی لتا منگیشکر سے ایک طویل ترین گفتگو پر مبنی ہے۔ چونکہ لتا منگیشکر کے پاس فرصت نہیں تھی لہٰذا ایک ہی نشست میں یہ گفتگو مکمل نہیں ہو سکتی تھی۔ لہٰذا انھوں نے یہ ترکیب نکالی کہ کیوں نہ روزانہ کچھ وقت اس موضوع پر گفتگو کے لیے مختص کریں۔ سُر گاتھا کے نام سے یہ کتاب گو کہ لتا جی کی سوانح ہے لیکن اسے یتیندر مشرا نے اپنے الفاظ کا جامہ پہنایا ہے۔ اس کتاب میں ان کی زندگی کے شب و روز، دلچسپ واقعات اور موسیقی سے گہری واقفیت کی تفصیل ملتی ہے۔ کتاب کے مرتب ایک اچھے شاعر، ادیب، اور موسیقی کے رسیایتیندر مشرا ہیں۔ ایک لمبے عرصے تک یتیندر مشرا لتا جی کے گھر جا کر تقریباً ایک گھنٹہ روز ان سے ان کی شخصیت اور فن کے بارے میں مختلف زاویوں سے گفتگو کرتے رہے اور جب وافر مواد جمع ہو گیا تو اسے تحریر کی شکل دی گئی۔

دلیپ کمار نے جب پہلی دفعہ ان کی آواز میں ایک گانا سنا تو بہت متاثر ہوئے لیکن لتا دی کے لہجے میں بوجوہ سلاست اور روانی نہیں تھی دراصل وہ مراٹھی تھیں اور وہ گانا اس زبان کا متحمل نہیں ہو سکتا تھا۔ چنانچہ دلیپ کمار نے لتا منگیشکر کو اردو سیکھنے کی تلقین کی۔ دلیپ کمار نے تعریف کرتے ہوئے کہا تھا کہ آپ گاتی بہت خوب ہیں لیکن آپ کے گانے میں صحیح تلفظ نہ ہونے کی وجہ سے کہیں کہیں دال بھات کی بو آتی ہے۔

اس وقت سے ہی لتا نے دلیپ کمار کے اس ایک مشورے کو مان کر اس پر عمل پیرا ہونے کے سبب انھیں فلمی زندگی میں بے شمار کامیابیاں حاصل ہوئیں۔ لتا جی نے پھر تو

انھیں اپنا بڑا بھائی اور دلیپ کمار نے لتا جی کو اپنی چھوٹی بہن مان لیا۔ لتا دیدی اپنے بڑے بھائی کو ہر سال پابندی سے راکھی باندھتی رہیں۔ کچھ اس تواتر، تسلسل اور پابندی سے ہر رکشا بندھن پر اس کا اہتمام کیا جاتا کہ لوگ دیکھتے رہ جائیں۔ فلم انڈسٹری کے لیے وہ ایک مثال بن گئے۔ مادیت پرستی کے آج کے اس دور میں ایسی مثالیں ملنا مشکل ہیں۔

دلیپ کمار کے بعد لتا جی کی پیشہ ورانہ زندگی میں جن دوسرے افراد نے کلیدی رول ادا کیا ان میں ایک سب سے بڑا نام میوزک ڈائرکٹر غلام حیدر کا ہے۔ موسیقی کے شعبے میں انھوں نے جس طرح رہنمائی کی تھی وہ لتا جی کی کامیابی کی ضامن بن گئی۔ نوشاد علی جو تب سے اب تک فلمی دنیا کی موسیقی میں سدابہار نام ہے، انھوں نے لتا منگیشکر کو اس جگہ پہنچایا جہاں آخر تک جمی رہیں۔ اپنے فن کے تئیں جس طرح نوشاد ایماندار اور وفادار بنے رہے اسی طرح لتا منگیشکر نے بھی اپنے فن کے لیے خود کو وقف کر دیا۔

غلام حیدر اور نوشاد علی کی تربیت اور رہنمائی میں لتا نے اپنی آواز کو آراستہ و پیراستہ کر کے گانا شروع کیا تو فلم جگت میں دھوم مچ گئی اور دھیرے دھیرے وہ پوری فلمی دنیا پر چھا گئیں۔ اس غیرت ناہید کی آواز کچھ اس تیزی سے بلندی کو چھونے لگی کہ پرانے چراغوں کی روشنی مدھم پڑنے لگی۔ شاعر نے شاید ان کے لیے ہی یہ شعر کہا ہے۔

اس غیرت ناہید کی ہر تان ہے دیپک
شعلہ سا لپک جائے ہے آواز تو دیکھو

اردو کو صحیح تلفظ کے ساتھ جو بولنا چاہتا ہے، وہ لتا جی کے گائے ہوئے نغموں کو سننے کی عادت ڈالے۔ بقول شخصے: پوری فلمی دنیا میں لتا منگیشکر سے اچھی اردو کسی اور کی نہیں۔ لتا جی کی زبان کی درستگی کا سہرا دلیپ کمار کو جاتا ہے، جو اس طرح کے کار خیر بہت کیا کرتے تھے۔

اردو سیکھنے کی تلقین پہلے پہل دلیپ کمار نے کی تھی جسے انھوں نے گرہ میں باندھ لیا اور اردو سیکھنے پر خاص توجہ دی اور جب اردو سیکھ کر گانا شروع کیا تو رشید حسن خاں جیسے ثقہ ادیب نے بھی لتا کو رشک کی نگاہ سے دیکھتے ہوئے ان کی تعریف کی۔ ۱۹۴۲ میں والد کے انتقال کے بعد گھر کی مالی حالت کے پیش نظر انھوں نے ہندی اور مراٹھی کی کچھ فلموں میں اداکاری کی تھی، لیکن ان کا اصل میدان گلوکاری ہی رہا۔ چنانچہ دو چار فلموں میں اداکاری کے بعد نغموں کو اپنے سروں سے سجانے اور سنوارنے لگیں۔

عام طور پر کسی بھی انسان کے گزر جانے کے بعد ماحول سوگوار ہو جاتا ہے اور لوگ غم کے اظہار کے لیے ماتمی ماحول بنا لیتے ہیں۔ مرنے والے کی خوبیاں بیان کی جاتی ہیں اور مرحوم کے اقربا اور احباب رو لیتے ہیں۔ بعض سسکیوں سے کام چلا لیتے ہیں اور کچھ حضرات اظہار افسوس کرتے نہیں تھکتے۔ لیکن لتا جی کے ساتھ کچھ ایسا ہے کہ وہ اپنی عمر طبعی کو پہنچ چکی تھیں۔ ایک انسان کی زندگی میں ۸۸ برس کم نہیں ہوتے۔ اس عمر میں عام طور پر ضعف کا شکار ہونے کے نتیجے میں امراض کا مجسمہ بن کر رہ جاتا ہے۔ اب اور جینے کا مطلب ہوتا کہ وہ اپنے گھر والوں کے لیے بوجھ بن جاتی۔ لٰہذا مرحومہ کا گزر جانا نہ صرف ان کے حق میں بہتر تھا بلکہ اہل خانہ اور متعلقین کے لیے بھی باعث طمانیت رہا۔

لتا جی کی پیشہ ورانہ زندگی کا عرصہ خاصا طویل ہے۔ اس طوالت کے باوجود نہ تو انھوں نے کبھی اکتاہٹ کا اظہار کیا نہ تھکاوٹ کا۔ ان کے فن کا کمال یہ ہے کہ وہ جوں جوں آگے بڑھتی گئیں ان کا فن اسی طرح روز افزوں سنورتا اور نکھرتا گیا۔ حد تو یہ ہے کہ جسمانی طور پر وہ بڑھتی عمر کے ساتھ جب ضعیفی اور بڑھاپے کی طرف بڑھنے لگیں تو ان کا فن اور جوان ہونے لگا ان کے پورے دور میں ان کے سامنے نئی نئی گلوکارہ کبھی ان کے سامنے ٹکتی نظر نہیں آتی۔ کمال یہ ہے کہ ایک سترہ اٹھارہ سال کی گلوکارہ جب گاتی

تھی تو لگتا تھا کہ کوئی پچیس تیس سال کی لڑکی گا رہی ہے جب کہ لتا جی اس کے برعکس جب گاتی تھیں تو ایسا لگتا کہ کوئی پندرہ بیس سال کی نوعمر گلوکارہ کانوں میں رس گھول رہی ہیں۔

حقیقت یہ ہے کہ لتا دی اپنی اخیر عمر تک ایک نو عمر لڑکی کی طرح گاتی رہیں۔ لیکن آخر کب تک اب جب کہ ان کے قویٰ مضمحل ہو گئے اور ان کی بڑھتی عمر نے لڑ کھڑانے پر مجبور کر دیا تو انھوں نے خود کو سمیٹنا شروع کر دیا۔ پچھلے ایک سال سے انھوں نے گانا بند کر دیا تھا۔ اب ان کے بعد آنے والوں کے لیے موقع ہے کہ وہ محنت کریں اور ان سے آگے نکلنے کی کوشش کریں۔ ہندوستانی موسیقی اور ساز و آواز کو لتا جی نے جس مقام پر پہنچایا تھا اس سے آگے جانے کی چنوتی آپ کے سامنے ہے۔ خدا کرے آپ اس میں کامیاب ہوں۔

٭ ٭ ٭

لتا منگیشکر اور اردو تلفظ

نازیہ

گزشتہ چند دہائیوں کے دوران جن خاتون گلوکاروں نے ہندوبیرون ہند اپنی آواز کا جادو جگایا، اور جنھیں عوام وخواص میں بہت زیادہ مقبولیت حاصل ہوئی ان میں لتا منگیشکر کا نام سرفہرست ہے۔ لتا منگیشکر نے تقریباً سات دہائیوں تک ہندی سنیما کو اپنی آواز دی اور چار نسلوں کو اپنے گائے ہوئے نغموں سے مسحور کیا۔ نہایت کم عمری ہی میں وہ مقبولیت کے زینے چڑھنے لگی تھیں۔ تقریباً بیس سال کی عمر میں ان کی شہرت دور دور تک پھیل گئی تھی۔ یہ وہ زمانہ تھا جب کلاسیکی نغموں کی گونج ہر طرف سنائی دیتی تھی، لتا جی نے ان نغموں کو بہترین انداز میں گایا اور لوگوں کا دل جیت لیا۔ اس کے بعد بدلتے وقت اور ماحول میں وہ اپنی گائیکی کو ڈھالتی رہیں اور ایک کے بعد ایک کامیاب نغمے ہندی سنیما کو دیتی رہیں۔ یہاں تک کہ جب بیسویں صدی کے اواخر اور اکیسویں صدی کے اوائل میں نئے انداز کے نغموں کا رواج بڑھا تب بھی لتا جی کی مقبولیت میں کمی نہیں آئی اور ان کے اس دور کے گائے ہوئے گانوں کو بھی پسند کیا گیا۔ دراصل لتا جی حقیقی معنوں میں فنکار تھیں، ان کی آواز میں جادو جیسی تاثیر تھی اور ان کا ترنم دل وروح میں اترنے کی صلاحیت رکھتا تھا۔ اس لیے وقت کا اتار چڑھاؤ ان کے فن کو متاثر نہ کر سکا بلکہ جیسے جیسے وقت بڑھتا گیا، اس میں اور زیادہ نکھار پیدا ہوتا گیا۔

لتا منگیشکر کی گائیکی کو جن اسباب کی بنیاد پر مقبولیت حاصل ہوئی ان میں ایک سبب ان کا اردو تلفظ تھا۔ اسی لیے انھوں نے گیتوں میں مستعمل اردو حروف والفاظ کی بہترین ادائیگی کی۔ اردو زبان کی ایک خصوصیت یہ ہے کہ اس میں خوبصورت الفاظ کا ایک طویل سلسلہ ہے۔ اگر اردو الفاظ کو سلیقے سے گفتگو میں برتا جائے، تو اس میں لطف پیدا ہو جاتا ہے، تحریر کی لڑی میں پرویا جائے تو تحریر کی خوبصورتی بڑھ جاتی ہے اور جب ان لفظوں کو شاعری کے قالب میں ڈھالا جاتا ہے تو شاعری کے حسن میں اضافہ ہو جاتا ہے۔ غالباً یہی وجہ ہے کہ ہندی تحریروں، تقریروں، نظموں اور گیتوں میں بھی اردو الفاظ کا خوب استعمال کیا جاتا ہے۔ اردو کی اسی شیرینی کو محسوس کرتے ہوئے ہندی سنیما بھی ہندی فلموں کے مکالموں اور گیتوں میں اردو الفاظ کے استعمال میں کسی سے پیچھے نہیں رہا، خاص طور سے ہندی سنیما میں ابتدائی کئی دہائیوں تک تو اردو کا ہی دبدبہ قائم تھا۔ اس وقت کے نغمے لکھنے والے شعرا ساحر لدھانوی، شکیل بدایونی، مجروح سلطانپوری اردو کے عظیم شاعر تھے۔ یہ تمام حضرات غزل گوئی میں بھی اپنا مقام رکھتے ہیں۔ ان کے لکھے گئے نغموں کی خاص بات یہ ہے کہ انھوں نے نغموں میں بھی شاعری کے معیار سے سمجھوتہ نہیں کیا۔ اس وقت کے مقبول نغمے سنیے، آپ کو ان میں بہترین شاعری نظر آئے گی اور یہ بھی دکھائی دے گا کہ شعرا نے نغموں کی لڑی میں اردو کے خالص اور خوبصورت لفظوں کو کس حسن وخوبی کے ساتھ پرویا ہے۔ لتا منگیشکر کا کمال یہ ہے کہ انھوں نے ان لفظوں کا تلفظ بہت خوبصورت انداز میں کیا ہے، جس کی وجہ سے ان نغموں میں جان پڑ گئی۔

تلفظ کی سطح پر اردو الفاظ میں بہت نزاکت پائی جاتی ہے۔ اگر الفاظ کا تلفظ درست طور پر کیا جاتا ہے تو وہ سننے میں اچھے محسوس ہوتے ہیں لیکن اگر ان کی ادائیگی میں بے

احتیاطی برتی جاتی ہے تو ان کی ساری کشش جاتی رہتی ہے اور وہ بذاتہٖ پُرکشش ہونے کے باوجود بھدے معلوم ہوتے ہیں۔ لتا منگیشکر اس راز سے واقف ہوگئی تھیں، اس لیے انھوں نے اردو لفظوں کی ادائیگی پر بہت زور صرف کیا اور اپنی گائیکی میں اس طرح ان کو ادا کیا کہ ان کا حسن دوبالا ہوگیا۔ اس کے برعکس اگر وہ تلفظ پر توجہ نہ دیتیں اور ان کی ادائیگی میں احتیاط سے کام نہ لیتیں تو بہترین آواز و انداز کے باوجود اردو کے وہ لفظ اتنا مزہ نہ دیتے اور اس سے ان کی گائیکی متاثر ہوسکتی تھی۔

اردو الفاظ کو صحیح طور سے ادا کرنے کے لیے لتا منگیشکر نے اپنے کیریئر کے آغاز میں ہی دھیان دینا شروع کر دیا۔ وہ یہ بات سمجھ چکی تھیں کہ اردو تلفظ پر عبور حاصل کرنے کے لیے اردو کے چند الفاظ کے تلفظ کو درست کرلینا کافی نہیں ہے بلکہ اردو زبان جاننا بھی ضروری ہے۔ اس لیے انھوں نے نہ صرف اردو کے حروف کی ادائیگی کی مشق کی بلکہ اردو کے رسم الخط کو بھی سیکھا۔ اس لیے کہ رسم الخط حروف کی ادائیگی اور لفظوں کے تلفظ میں معاون ثابت ہوتا ہے، نیز اردو زبان کے مزاج و مذاق سے بھی قریب تر کر دیتا ہے۔ اچھی بات یہ ہوئی کہ انھیں ایک مولوی صاحب کی خدمات حاصل ہوگئیں۔ مولوی صاحب نے انھیں اردو زبان سکھائی اور ان کے تلفظ کو درست کرادیا۔ اردو سیکھ لینے کے بعد اردو سے انھیں خاصا لگاؤ ہوگیا تھا۔ اس کا اعتراف لتا جی نے ماہنامہ 'شمع' کے ستمبر ۱۹۶۷ کے شمارے میں شائع ایک انٹرویو میں کرتے ہوئے کہا تھا کہ "بلاشبہ انھوں نے تیس مختلف زبانوں میں گیتوں کو اپنی آواز دی ہے مگر جو بلند و بالا وقار ان کے وجود میں اردو کا ہے، اس کا اپنا مزہ ہے۔ ان کا کہنا تھا کہ مراٹھی ایک طرح سے ان کی مادری زبان کی طرح تھی مگر جس طرح سے اردو کو مولوی عبدالصمد اور پھر بعد میں دلیپ کمار سے سیکھا، وہ ان کے دل کی زبان بن گئی۔"

لتا منگیشکر کے لیے ج، خ، ز، ش، ع، غ، ق، جیسے حروف کی ادائیگی نہایت آسان تھی۔ یہ بات ہم ان کے گانے سنتے ہوئے بآسانی محسوس کر سکتے ہیں۔ اگرچہ دوسری اور بھی بہت سی گلوکارہ ایسی ہیں جو اردو الفاظ کا صحیح تلفظ کرنے کی کوشش کرتی ہیں، لیکن جس خوبصورتی کے ساتھ لتا جی ان کی ادائیگی کرتی ہیں، اس کی نظیر نہیں ملتی۔ ان کا گایا ہوا گانا "ترے بنا زندگی سے کوئی شکوہ تو نہیں" میں 'ز' کی ادائیگی انھوں نے بہت خوبصورتی کے ساتھ کی ہے۔ تلفظ کی جو نزاکت اردو میں ہوتی ہے، اس کا پورا خیال انھوں نے رکھا ہے۔ 'ز' کو انھوں نے نہ تو 'ذال' کی طرح ادا کیا ہے اور نہ ہی اس کو رگڑ کر ادا کیا ہے اور یہی اردو کے حروف کی ادائیگی کا مزاج بھی ہے۔ اسی گانے میں لفظ 'شکوہ' کی ادائیگی بھی بہت خوبصورت ہے۔ ان کا گایا ہوا گانا 'لگ جا گلے' بہت مشہور ہوا۔ اس گانے کی کئی ایک خصوصیات ہیں۔ یہ گانا لفظ کے اعتبار سے بھی بہت عمدہ ہے اور معنی کے اعتبار سے بھی۔ اس کے علاوہ اسے مزید پر کشش اور موثر لتا جی کی آواز نے بنا دیا ہے کہ سننے والا کھو سا جاتا ہے، لیکن اس کے ساتھ ایک اور بات جو بہت اہم ہے وہ ہے لتا جی کے ذریعے الفاظ کا خوبصورت تلفظ۔ اس گانے کی یہ لائنیں قابل سماعت ہیں۔

لگ جا گلے کہ پھر یہ حسیں رات ہو نہ ہو
شاید پھر اس جنم میں ملاقات ہو نہ ہو

اس میں لتا جی نے 'شاید' اور 'ملاقات' کا تلفظ بہت خوبصورتی کے ساتھ کیا ہے۔ 'شاید' میں حرف 'ش' توجہ کا حامل ہے۔ اگر اس کی ادائیگی کے وقت 'س' کی آواز نکالی جاتی تو نہ صرف لفظ 'شاید' کی کشش ختم ہو جاتی بلکہ پوری لائن بڑی بھدی سی معلوم ہوتی۔ خاص طور سے یہاں 'ش' کی ادائیگی 'س' کی شکل میں کرنے سے اہل زبان کو تکلیف سے گزرنا پڑتا۔ ایسے ہی لفظ 'ملاقات' بھی تلفظ کے اعتبار سے اپنے اندر بڑی

نزاکت رکھتا ہے۔ حرف 'ق' کو لتا جی نے بہت ہی عمدگی کے ساتھ ادا کیا ہے۔ جب کہ بہت سے لوگ 'قاف' کو 'کاف' کی طرح ادا کرتے ہیں لیکن گانے کے اندر جس میں ایک ایک لفظ اور ایک ایک حرف اہمیت رکھتا ہے، یہاں تک کہ آواز کے زیر و بم کی بھی اپنی اہمیت ہوتی ہے۔ کسی بھی سطح پر ذراسی چوک نہ صرف ترنم کو متاثر کر سکتی ہے بلکہ اس کی خوبصورتی پر بھی اثر انداز ہو سکتی ہے۔ گائیکی میں ایک اور دقت یہ ہوتی ہے کہ کئی مرتبہ لفظ کی صحیح طور پر ادائیگی کی صورت میں ترنم یا سر کے متاثر ہونے کا خوف دامن گیر رہتا ہے اور اگر سر چلا جاتا ہے تو پھر بات ہی خراب ہو جاتی ہے، اس لیے حرف کی ادائیگی کے وقت اس بات پر بھی دھیان دینا پڑتا ہے کہ کہیں ادائیگی کے سبب سر ہی غائب نہ ہو جائے۔ اب یہاں اگر 'ملاقات' کے حرف 'ق' کو زیادہ حلق سے رگڑ کر نکالا جائے گا تو سر یا ترنم کے متاثر ہونے کا خدشہ ہے اور اگر 'قاف' کی آواز کو 'کاف' کی آواز میں ادا کیا جائے گا تو لفظ کی خوبصورتی کا ختم ہونا یقینی ہے۔ ایسے میں کمال یہ ہے کہ حرف 'قاف' بھی ادا ہو جائے، سر بھی غائب نہ ہو یعنی ترنم کی کشش بھی باقی رہے اور لفظ کا حسن بھی ختم نہ ہو۔

ایسے مواقع پر لتا منگیشکر بہت خوبصورتی کے ساتھ اپنا رول نبھاتی ہیں۔ لفظوں کی صحیح ادائیگی کرتی ہیں، اور ترنم یا سر کو بھی متاثر نہیں ہونے دیتیں۔ جبکہ کتنے گلوکار ایسے مواقع پر پوری طرح کامیاب نہیں ہو پاتے۔

لتا جی کا گایا ہوا ایک اور گانا 'اک پیار کا نغمہ ہے' بھی بہت مشہور ہے۔ اس گانے میں مستعمل لفظ 'نغمہ' کا حرف 'غ' ادائیگی کے اعتبار سے توجہ طلب ہے۔ لتا جی نے 'غین' کو اس کے صحیح مخرج کے ساتھ ادا کیا ہے۔ اس گانے کو نیتی موہن نامی ایک گلوکارہ نے بھی نقل کرتے ہوئے گایا ہے مگر وہ حرف 'غین' کو ٹھیک سے ادا نہ کر پائیں اور لفظ 'نغمہ'

کا' غین' حرف 'گاف' میں بدل گیا،اس طرح ان کی زبان سے یہ لفظ 'نگمہ 'بن کر نکلا۔ ظاہر ہے کہ جب لفظ کا تلفظ ہی ٹھیک سے نہ کیا جائے تو اس میں کشش کہاں باقی رہے گی۔

فلم 'سوتن' کا گیت 'شاید میری شادی کا خیال۔ دل میں آیا ہے" لتا منگیشکر نے گایا ہے۔ یہ گانا شوخی بھرے انداز میں گایا گیا ہے۔ اس گانے کی خوبی یہ ہے کہ اسے سننے والا سنتے سنتے خود بھی گانے لگتا ہے۔ اس نغمے کا گنگنانا ' شاید میری شادی کا خیال' تلفظ کے اعتبار سے ہر ایک کے لیے آسان نہیں ہے۔ کیونکہ تین الفاظ شاید، شادی اور خیال ادائیگی کی سطح پر اپنے اندر نزاکت رکھتے ہیں۔ اردو تلفظ پر عبور رکھنے والوں کے لیے ان الفاظ کا تلفظ کچھ بھی دشوار نہیں مگر جنھیں اردو نہ آتی ہو، ان کے لیے یقیناً متواتر طور پر ان تینوں لفظوں کا صحیح تلفظ دشوار ہو گا، لیکن لتا جی نے ان لفظوں کا یکے بعد دیگرے اتنا شاندار تلفظ کیا ہے کہ داد دینے کو جی چاہتا ہے۔

لتا منگیشکر کا گایا ہوا گیت 'اے میرے وطن کے لوگو!' عام طور پر ان محفلوں میں خوب سننے کو ملتا ہے جہاں وطن سے محبت کا اظہار کیا جاتا ہے۔ لتا نے اس گانے کو جس دل سے گایا ہے، اس کا اندازہ تو اسی وقت ہو جاتا ہے جب اس کی چند لائنیں کانوں میں پڑتی ہیں۔ اس گیت کے الفاظ، تھیم، ترنم، آواز، موسیقی سب کچھ بہت عمدہ ہے۔ اسی لیے یہ گیت سامعین کی سماعتوں کی حدود سے ٹکرا کر واپس نہیں آتا بلکہ دل کی گہرائیوں میں اتر تا جاتا ہے اور سننے والے کو ایسے ماحول میں لے جاتا ہے، جس میں ہر طرح کی قربانی کے جذبات موجزن ہونے لگتے ہیں۔ اس گیت کو گاتے وقت لتا جی نے اپنے فن کا ہر اعتبار سے شاندار مظاہرہ کیا ہے اور اس گیت کی روح میں اپنی روح ملا دی ہے، لیکن ایک اور چیز یہاں قابل توجہ یہ ہے کہ انھوں نے اس گیت میں استعمال ہونے والے تمام الفاظ

کا تلفظ نہایت خوبی کے ساتھ کیا ہے کہ اگر اس پہلو سے اس گیت پر غور کیا جائے تو اس کا مزہ دوچند ہو جاتا ہے۔ اس گیت میں اردو کے جو الفاظ استعمال ہوئے ہیں، وہ اس طرح ہیں ذرا، قربانی، شہید، خطرہ، آزادی، سرحد، خون، ہندوستانی، بندوق، ہوش، خوش، سفر، دیوانے وغیرہ۔ ان تمام ہی الفاظ کا تلفظ لتاجی کے ذریعے بہترین انداز میں کیا گیا ہے۔ خاص طور پر یہ تین الفاظ ذرا، قربانی اور شہید کا تکرار اس گیت میں بار بار ہوتا ہے اور تینوں لفظوں کی ادائیگی نہایت خوبصورت ہے۔ اگر ان کے تلفظ میں ذرا بھی کمی رہ جاتی تو شاید اس گیت کی کشش پر بھی فرق پڑتا اور جوش و تاثیر میں بھی کمی واقع ہو جاتی۔ لیکن لتا منگیشکر نے لفظوں کے تلفظ کی نزاکت کو ہر جگہ ملحوظ رکھا۔ یہی لتا کا کمال ہے۔ اس گیت کو اور بھی بہت سے گلوکار موقع بہ موقع گاتے ہوئے نظر آتے ہیں۔ وہ اسی انداز میں گانے کی کوشش کرتے ہیں جس انداز میں لتاجی نے اسے گایا تھا۔ اس میں شبہ نہیں کہ ان میں سے کتنے تو بالکل اسی انداز، لہجے، ترنم وغیرہ کو اختیار کرنے میں کامیاب ہو جاتے ہیں لیکن پھر بھی ان کا گایا ہوا گیت وہ تاثیر نہیں چھوڑتا جو لتاجی کا گایا ہوا گیت چھوڑتا ہے، اس کی دو بنیادی وجوہات ہوتی ہیں۔ ایک تو یہ کہ ان کے پاس لتاجی کی آواز نہیں ہوتی اور دوسری وجہ الفاظ کا صحیح تلفظ وہ نہیں کر پاتے۔ لفظ 'قربانی' کے 'ق' کو جس طرح لتاجی نے ادا کیا ہے، دوسرے گلوکار اس طرح ادا کرنے سے قاصر رہتے ہیں، ایسے ہی اور کئی لفظوں کی ادائیگی میں کمیاں رہ جاتی ہیں۔ اس طرح کی بے شمار مثالیں ہمیں لتاجی کے گائے ہوئے گیتوں میں دیکھنے کو ملتی ہیں۔ گویا کہ لتاجی کے ذریعے گائے ہوئے گیتوں کو زندگی اور تازگی بخشنے میں ان کے اردو تلفظ کا بہت بڑا دخل رہا ہے۔ جس شخص کو اردو تلفظ پر گرفت حاصل ہو جاتی ہے، اس کے لیے دوسری زبانوں کے الفاظ کا تلفظ بھی آسان ہو جاتا ہے۔ اسی لیے ہم دیکھتے ہیں کہ لتاجی اپنی مادری زبان مراٹھی ہونے کے

باوجود ہر زبان کے لفظوں کا تلفظ بہتر طور پر کرتی ہیں کہ انھوں نے اردو تلفظ پر عبور حاصل کر لیا تھا۔ بہر کیف لتا منگیشکر کا اردو زبان، اردو رسم الخط اور اردو تلفظ سے گہرا رشتہ تھا جو ان کے گیتوں کو سن کر محسوس کیا جا سکتا ہے۔

* * *

فلمی و ادبی دنیا کی مشترکہ وراثت: ندا فاضلی

معصوم زہرا

اردو کے بغیر ہندوستانی فلم کی تاریخ مکمل نہیں ہو سکتی۔ کیونکہ اردو واحد ایسی زبان ہے جو ہر ماحول و حالات میں خود کو ڈھالنے کی صلاحیت رکھتی ہے اگر اردو زبان میں یہ صلاحیت نہ ہوتی تو فلموں اور فلمی نغموں کے فروغ میں اردو زبان کبھی قابل قدر نہ سمجھی جاتی۔ یہ حقیقت ہے کہ اردو کے استعمال کے بغیر کامیاب فلموں کا تصور بھی نہیں کیا جا سکتا کیونکہ جب بھی فلموں کے مکالمے، کہانیاں، نغمے، تحریر کیے گئے تو اردو زبان کو ہی فوقیت حاصل رہی۔ اردو شعرا و ادبا کی ایک طویل فہرست ہے جنھوں نے ہندوستانی فلموں کو اپنی نثری و شعری تخلیقات سے فروغ بخشا۔ اگر فلموں میں فکشن کی بات کی جائے تو پریم چند، بیدی، اور منٹو سے لے کر سلیم جاوید تک فکشن نگاروں کا ایک طویل سلسلہ ہے۔ اسی طرح اگر فلموں میں نغمہ نگاروں کو پیش نظر رکھیں تو آرزو لکھنوی، مجروح سلطانپوری، راجہ مہدی علی خاں، ساحر لدھیانوی، قمر جلال آبادی، شکیل بدایونی، کیفی اعظمی، حسرت جے پوری، شہریار، گلزار، جاوید اختر وغیرہ نے پوری اردو شاعری اور فلمی نغمہ نگاری کے مابین بہت مستحکم رشتہ استوار کیا ہے۔ ان نغمہ نگاروں کی سب سے بڑی خوبی یہ ہے کہ انھوں نے بہت ہی سادہ اور عام فہم زبان میں عوام کی دلچسپی کو پیش نظر رکھتے ہوئے نغمے تحریر کیے، ان شعرا کی کاوشوں کو اتنا فروغ ملا کہ ان کے نغمے

زبان زد خاص وعام اور ضرب المثل بن گئے۔

ان شعرا میں ندا فاضلی کی آواز عصر حاضر کی مقبول اور معتبر آواز ہے ان کی شاعری ذاتی تجربات کے ساتھ عوام وخواص کے بھی جذبات واحساسات کی ترجمان ہے جو ان کے شعری مجموعے لفظوں کا پل، مور ناچ، آنکھ اور خواب کے درمیان، کھویا ہوا سا کچھ، شہر تو میرے ساتھ چل، زندگی کی طرف، میں بخوبی سنائی دیتی ہے۔ جن میں غزل ، نظم، دوہے، گیت، وغیرہ جیسی اصناف میں ان کے تصورات و ذاتی تجربات کی دنیا آباد ہے۔

جدید لب ولہجہ کے ممتاز شاعر اور نامور فلمی نغمہ نگار ندا فاضلی ۱۲ اکتوبر ۱۹۳۸ کو دہلی میں پیدا ہوئے ان کے والد میر مرتضیٰ حسن دعا اپنے عہد کے نمائندہ شاعر تھے۔ چونکہ ندا فاضلی ایک ادبی گھرانے سے تعلق رکھتے تھے اور اسی ماحول میں ان کی پرورش ہوئی یہی وجہ ہے کہ کم عمری میں ہی شاعری کا آغاز کر دیا تھا۔ ان کے شعری میلان کی محرک سور داس کی نظم ہے جو انھوں نے ایک مندر کے پاس سے گزرتے ہوئے سنی جس میں رادھا اور کرشن کی علیحد گی کا بیان تھا۔ نظم سن کر ندا فاضلی بہت متأثر ہوئے اور اسی وقت بطور شاعر اپنی شناخت قائم کرنے کا فیصلہ کیا۔

ندا فاضلی کا آبائی وطن جموں کشمیر تھا لیکن ان کا خاندان گوالیار آکر بس گیا تھا تقسیم ہند کے بعد فرقہ وارانہ فسادات نے کئی شہروں کو تباہ کر دیا تھا اسی دوران گوالیار بھی ہندو مسلم فساد کی زد میں تھا۔ اسی سبب ندا فاضلی کے والدین نے پاکستان ہجرت کا فیصلہ کیا مگر ندا فاضلی نے ہندوستان میں ہی قیام کو ترجیح دی اس وقت ندا فاضلی وکرم یونیورسٹی اجین میں ایم۔اے (اردو) سال آخر کے طالب علم تھے ایم۔اے کرنے کے بعد مسلسل تلاش معاش میں سرگرداں رہے کبھی کلکتہ کبھی دہلی اور کبھی راجستھان کا سفر کیا بالآخر

ممبئی پہنچے۔ قیام ممبئی کے ابتدائی ایام میں ندا فاضلی نے بہت عسرت، تنگدستی اور کسمپرسی کی زندگی گزاری ان دنوں وہ ہندی میگزین دھرم یگ اور ہندی، اردو ہفتہ وار اخبار 'بلٹز' میں کالم لکھتے تھے اور اخبار کے دفتر میں ہی چادر بچھا کر سو جاتے تھے۔ غالباً انھوں نے اسی پس منظر میں یہ شعر کہا تھا۔

تنہا تنہا بھٹک رہا ہے انجانی سی راہوں میں
شاید اپنے ساتھ وہ اپنے شہر کو لانا بھول گیا

رفتہ رفتہ جب ادبی رسائل و اخبارات میں کلام شائع ہونے لگے تو ندا فاضلی کی شہرت بڑھتی گئی اور مزید شہرت اس وقت حاصل ہوئی جب ان کی غزل مایہ ناز گلوکار جگجیت سنگھ اور ان کی بیگم چترا نے اپنی خوبصورت آواز میں عوام تک پہنچائی۔ غزل کا مطلع ہے۔

دنیا جسے کہتے ہیں جادو کا کھلونا ہے
مل جائے تو مٹی ہے کھو جائے تو سونا ہے

یہ غزل اتنی مقبول ہوئی کہ ندا فاضلی فلمی ہدایت کاروں کی توجہ کا مرکز بن گئے۔ اسی دوران فلم 'رضیہ سلطان' کے اصل نغمہ نگار جاں نثار اختر کے انتقال کے بعد فلم کے ہدایت کار کمال امروہوی ایک اچھے شاعر کی تلاش میں تھے۔ ندا فاضلی کے گیت سے متاثر ہو کر انھوں نے ندا فاضلی سے رابطہ کیا اور فلم کے باقی نغمے لکھنے کی ذمہ داری سونپ دی اور ہدایت دی کہ موسیقار خیام کے ساتھ مل کر ایسا نغمہ رقم کیجیے جو فلم کی شان کو دو بالا کر دے۔ اس فلم کے لیے ندا فاضلی نے دو نغمے 'آئی زنجیر کی جھنکار خدا خیر کرے' اور 'ترا ہجر ہی مرا نصیب ہے' لکھے۔ اور لکھنؤ سے تعلق رکھنے والے آل انڈیا ریڈیو کے ہوسٹ کبن مرزا کی آواز نے نغمے کے حسن کو دو بالا کر دیا۔ اس فلم میں ہیما مالنی اور

دھرمیندر نے اہم کردار ادا کیا اور یہی فلم ندا فاضلی کے کیریئ کے آغاز میں معاون ثابت ہوئی۔ اس فلم کی کامیابی کے بعد ندا فاضلی نے بہت سی فلموں میں نغمے لکھے جن میں فلم آہستہ آہستہ، سرفروش، اس رات کی صبح نہیں، ناخدا، آپ تو ایسے نہ تھے، یاترا، سُر وغیرہ قابل ذکر ہیں۔

فلم 'آہستہ آہستہ' کا نغمہ 'کبھی کسی کو مکمل جہاں نہیں ملتا' نے نہ صرف لاکھوں دلوں کو جیت لیا بلکہ یہ نغمہ شہرت کی اس منزل تک پہنچا کہ فلم کی مقبولیت کا سبب بن گیا۔ اس نغمہ کی موسیقی خیام نے مرتب کی اور مشہور گلوکارہ آشا بھوسلے اور بھوپیندر سنگھ نے اپنی مترنم آواز سے نغمہ کو دلکشی بخشی جو فلمی ہدایات کے ساتھ ساتھ ادبی تقاضوں کو پورا کرتا ہوا نظر آتا ہے۔

کبھی کسی کو مکمل جہاں نہیں ملتا
کہیں زمیں تو کہیں آسماں نہیں ملتا
کہاں چراغ جلائیں کہاں گلاب رکھیں
چھتیں تو ملتی ہیں لیکن مکاں نہیں ملتا
جسے بھی دیکھیے وہ اپنے آپ میں گم ہے
زباں ملی ہے مگر ہم زباں نہیں ملتا

اس طرح فلم 'سرفروش' کا نغمہ 'ہوش والوں کو خبر کیا بے خودی کیا چیز ہے' کو جگجیت سنگھ نے اپنی آواز دی اور اس غزل نے بھی لازوال شہرت حاصل کی اور عامر خان، نصیر الدین شاہ اور سونالی بیندرے پر فلمایا گیا ہے۔ دو شعر ملاحظہ ہوں جو پورے نغمے کی جان ہیں۔

ان سے نظریں کیا ملیں روشن فضائیں ہو گئیں

آج جانا پیار کی جادوگری کیا چیز ہے

ہم لبوں سے کہہ نہ پائے ان سے حال دل کبھی

اور وہ سمجھے نہیں یہ خامشی کیا چیز ہے

اور فلم 'آپ تو ایسے نہ تھے' کا نغمہ بہت دلکش و پسندیدگی کی سند بنا ہوا تھا اور محمد رفیع کی آواز نے اس نغمہ کے حسن میں چار چاند لگا دیا، اس کا تغزلانہ اور رومانوی آہنگ اپنی مثال آپ ہے جو عام روش سے ہٹ کر ہے اور سب سے بڑی خوبی یہ ہے کہ ادبی پیرائے میں اور عام فہم زبان میں لکھا گیا ہے۔

ندا فاضلی نے ادبی اور معیاری فلمی نغمے لکھے، ان لازوال شہرت یافتہ فلمی نغموں سے قطع نظر ندا فاضلی نے چند فلمیں بھی لکھیں جن میں وجے، ہرجائی اور 'فلک' کے نام قابل ذکر ہیں۔ انھیں بڑے کمال کے موسیقار بھی ملے جن میں خیام، آر۔ڈی۔ برمن وغیرہ موسیقی کے بڑے نام ہیں۔ ندا فاضلی کے فلمی نغموں کے علاوہ کچھ غزلیں بھی مشہور زمانہ گلوکاروں نے گائی ہیں مثلاً۔ لتا منگیشکر اور جگجیت سنگھ کی آواز میں اس غزل نے بہت شہرت پائی۔ چند اشعار ملاحظہ ہوں۔

ہر طرف ہر جگہ بے شمار آدمی

پھر بھی تنہائیوں کا شکار آدمی

صبح سے شام تک بوجھ ڈھوتا ہوا

اپنی ہی لاش کا خود مزار آدمی

زندگی کا مقدر سفر در سفر

آخری سانس تک بے قرار آدمی

شاعر شہری زندگی سے نالاں ہے۔ انسان اتنا خود غرض اور مفاد پرست ہو گیا ہے

کہ آج کا انسان ہزاروں لاکھوں آدمیوں کے بیچ میں تنہائی محسوس کرتا ہے۔ کیونکہ شہروں میں خلوص اور انسانی رشتوں کا پاس ہی نہیں رہا۔ ریاکاری، مکاری، جھوٹ، فریب، بے حسی اتنی بڑھ چکی ہے کہ ندا فاضلی آدمی کو اپنی لاش کا مزار کہنے پر مجبور ہو گئے جو صبح سے شام تک بدن کا بوجھ لیے پھرتا ہے۔ چھوٹی بحر اور سیدھے سادے اور آسان الفاظ میں بڑی ہی سادگی اور خوبصورتی سے لفظ 'آدمی' کو بطور ردیف پیش کر کے بے حس آدمی کی آدمیت پر گہرا طنز کیا ہے۔

تنہائی پر ندا فاضلی کی دوسری غزل جسے غلام علی نے اپنی آواز دے کر لافانی بنا دیا ہے وہ یہ ہے۔

تنہا تنہا دکھ جھیلیں گے محفل محفل گائیں گے
جب تک آنسو پاس رہیں گے تب تک گیت سنائیں گے

یہ پوری غزل ندا فاضلی کے ذاتی تجربات کا مظہر ہے جو ممبئی جیسے شہر میں عالم تنہائی میں زندگی گزار رہے تھے۔ عالم تنہائی میں انسان کن کن حالات سے دوچار ہوتا ہے، کتنی صعوبتیں برداشت کرتا ہے ساری کیفیات کا اظہار ہمیں ندا فاضلی کی شاعری میں ملتا ہے۔ ان نغموں کے علاوہ ان کے کچھ نغمے اور اس کے گلوکاروں کے نام درج ذیل ہیں جنھوں نے فلمی دنیا کے ساتھ ساتھ ادبی دنیا میں بھی ندا فاضلی کی ایک الگ شناخت قائم کی۔

بہت خوبصورت ہیں آنکھیں تمھاری
(جگجیت سنگھ)

بے نام سا یہ درد ٹھہر کیوں نہیں جاتا
(جگجیت سنگھ)

ہر ایک گھر میں دیا بھی جلے اناج بھی ہو

(جگجیت سنگھ)

چاند سا چہرہ رات سی زلفیں ہرنی جیسی چال

(محمد رفیع)

چاہت ندیا چاہت ساگر

(الکا یاگنک، فلم چاہت)

ایسا ہو تو کیسا ہو

(کشور کمار، سوپنا، فلم گہرا زخم)

گھر سے مسجد ہے بہت دور چلو یوں کر لیں

(سونو نگم، فلم تمنا)

ہر ایک راستہ سجا کے چل

(آشا بھوسلے، فلم امیر آدمی غریب آدمی)

زندگی یہ زندگی دو گھڑی کی زندگی

(لتا منگیشکر۔ فلم دولت)

کس کی صدائیں مجھ کو بلائیں

(آشا بھوسلے، کشور کمار۔ فلم ریڈ روز)

تم سے مل کر زندگی کو یوں لگا

(لتا منگیشکر، فلم چور پولیس)

ندا فاضلی کی فلمی شاعری کی زبان سہل ممتنع کی بہترین مثال ہے، کہیں بھی پیچیدگی یا الجھاؤ کا احساس نہیں ہوتا۔ انھوں نے جن مسائل و موضوعات کو اپنی شاعری کا محور بنایا وہ دوسرے معاصرین شعراء میں خال خال ہی نظر آتا ہے۔ انھوں نے دور حاضر کے

حقائق کو اپنی شاعری کا ترجمان بنایا جسے ہر شخص اپنی زندگی میں محسوس کر سکتا ہے۔

ندا فاضلی کی انھیں خدمات کے سلسلے میں ۱۹۹۸ میں ساہتیہ اکادمی ایوارڈ اور ۲۰۰۴ میں مدھیہ پردیش حکومت نے اپنے سب سے بڑے اعزاز شکھر سمان سے بھی سرفراز کیا اور ۲۰۰۳ میں فلم 'سُر' کی بہترین نغمہ نگاری کے لیے اسٹار اسکرین ایوارڈ، بالی ووڈ مووی ایوارڈ اور مہاراشٹر حکومت کی جانب سے میر تقی میر ایوارڈ اور ۲۰۱۳ میں ہندوستان حکومت نے پدم شری جیسے اعزاز سے مفتخر کیا۔

۸/ فروری ۲۰۱۶ کو فلمی و ادبی شاعری کا درخشندہ آفتاب غروب تو ہو گیا مگر اس کی روشنی شعری افق پر آج بھی جلوہ گر ہے۔

***

ظفر گورکھپوری کے فلمی گیت

ناظر انور

ظفر گورکھپوری (۱۹۳۵-۲۰۱۷) کی پوری زندگی ممبئی جیسے بڑے شہر میں گزری۔ حالانکہ ان کی پیدائش گورکھپور کے ایک چھوٹے سے گاؤں بیدولی بابو میں ہوئی جس کی وجہ سے انھوں نے اپنا قلمی نام ظفر گورکھپوری رکھ لیا۔ بچپن کے ابتدائی ایام گاؤں کے پرسکون ماحول میں گزرے۔ ۹ سال کی عمر میں ممبئی کا رخ کرنے کے بعد وہ یہیں کے ہو کر رہ گئے۔ ۱۹۶۲ میں ان کا پہلا شعری مجموعہ 'تیشہ' منظر عام پر آیا۔ ادبی حلقے میں اس مجموعے کو مقبولیت حاصل ہوئی۔ اس کے بعد غزلوں، نظموں، گیت اور دوہوں پر مشتمل ان کے ۱۱ مجموعے شائع ہوئے، جن کو خاطر خواہ پذیرائی حاصل ہوئی۔

ظفر گورکھپوری نے جہاں غزل کے میدان میں فکری اور فنی سطح پر اعلیٰ تخلیقی صلاحیت کا اظہار کیا ہے، وہیں ان کی نظموں کا موضوعاتی تنوع اور شعری جوہر قاری کو اپنی جانب متوجہ کرتا ہے۔ گیت اور دوہوں میں بھی انھوں نے ان کے بنیادی تقاضوں کو برتتے ہوئے فنکارانہ مہارت کا اظہار کیا ہے۔ بچوں کے ادب پر بھی ان کی گہری نظر ہے، اور بچوں کے لیے خوب ساری نظمیں اور کہانیاں بھی لکھی ہیں۔ غزل گائیکی کے میدان میں بڑے بڑے سنگروں نے ان کی غزلوں کو اپنی آواز دی ہے۔ فلموں میں گانے لکھ کر اپنے آپ کو فلمی دنیا میں متعارف بھی کرایا ہے۔ یہ الگ بات ہے کہ فلمی دنیا کی

چمک دمک اور مصنوعی زندگی کبھی بھی ظفر گورکھپوری کو اپنی طرف مائل نہ کر سکی۔ یہی وجہ ہے کہ انھوں نے کبھی بھی فلموں میں گانے لکھنے کو ترجیح نہیں دی۔ ان کی زندگی کا اصل مقصد ادب اور درس و تدریس سے وابستگی اور اس کی آبیاری تھی، لیکن جب بھی کسی ڈائریکٹر، پرڈیوسر یا موسیقار نے ان کو خود فلمی نغمہ لکھنے کے لیے مدعو کیا تو انکار بھی نہیں کر سکے۔

ظفر گورکھپوری نے فلموں کے علاوہ سیریلوں میں بھی بہت سے گیت لکھے۔ جن میں 'سب کا مالک ایک' اور 'عورت' جیسے سیریل قابل ذکر ہیں۔ فلموں میں گانے لکھنے کی شروعات ۱۹۶۹ میں ہوئی۔ جب پہلی بار پروڈیوسر ایس پال نے اپنی فلم 'آتش' کا ایک گانا لکھنے کے لیے خط لکھ کر ظفر گورکھپوری کو مدعو کیا۔ ان کی فرمائش پر ظفر گورکھپوری نے ایک گانا لکھا، جس کی دھن موسیقار جے دیو نے بنائی۔ اور محمد رفیع نے اپنی مترنم آواز میں اس کو سامعین تک پہنچایا۔

یہ شعلے بھڑکے ہیں کیسے دنیا کو سمجھائے کون
چتا کی آگ تو بجھ جائے گی دل کی آگ بجھائے کون

اگلے ہی سال ۱۹۷۰ میں فلم 'کھنس' کے لیے ظفر گورکھپوری کی ایک مشہور غزل محمد رفیع کی آواز میں ریکارڈ ہوئی۔ اس موسیقی کی دھن بھی موسیقار جے دیو نے تیار کی۔ گانا تو سامعین تک پہونچ گیا لیکن کچھ وجوہات کی بنا پر یہ فلم ریلیز نہیں ہو سکی۔

عشق میں کیا کیا میرے جنوں کی، کی نہ برائی لوگوں نے
کچھ تم نے بدنام کیا کچھ آگ لگائی لوگوں نے
میرے لہو کے رنگ سے چمکی کتنی مہندی ہاتھوں پر
شہر میں جس دن قتل ہوا میں عید منائی لوگوں نے

۱۹۷۲ میں ڈائریکٹر اشوک رائے کی مشہور فلم 'پتلی بائی' ریلیز ہوئی۔ اس فلم میں ظفر گورکھپوری کی ایک قوالی کو شامل کیا گیا۔ جس کو اس دور کے دو مشہور قوال راشدہ خاتون اور یوسف آزاد نے گایا تھا۔

ایسے بے شرم عاشق ہیں یہ آج کے
ان کو اپنا بنانا غضب ہو گیا

اسی طرح فلم ۱۹۷۶ میں ریلیز ہوئی ایک فلم 'نور الٰہی' میں بھی ظفر گورکھپوری نے ایک قوالی لکھی، جو کہ بہت مشہور ہوئی۔ اس قوالی کو بھی راشدہ خاتون اور یوسف آزاد نے ہی گایا تھا۔

جو ممی کی آنکھوں کے تارے تھے ہم تم
تو ڈیڈی کے دل کے سہارے تھے ہم تم
بڑا لطف تھا جب کنوارے تھے ہم تم

۱۹۷۶ میں ایک فلم 'زمانے سے پوچھو' ریلیز ہوئی۔ اس فلم کا ایک گانا 'بولیے حضور' ظفر گورکھپوری نے لکھا جس کو امریش کباڈیا، کیدار خان اور مراد نے اپنی آواز میں لوگوں تک پہنچایا۔ گانے کے بول یہ ہیں۔

آپ کے قریب آپ ہی کے پاس
رات بھی جواں ہم بھی ہیں یہاں
بولیے حضور آپ ہیں کہاں؟

۱۹۷۹ میں نانو بھائی وکیل کی خواہش پر ظفر گورکھپوری نے فلم 'شان اللہ' کے سارے گیت لکھے۔ اس فلم میں ایک قوالی خواجہ اجمیری کی شان میں بھی ہے لیکن بد قسمتی سے فلم مکمل ہونے سے پہلے ہی نانو بھائی وکیل کا انتقال ہو گیا۔ اور یہ فلم ادھوری رہ

گئی۔اسی سال پروڈیوسر مجید خان نے ظفر گورکھپوری کے مجموعے میں شامل ایک غزل کو اپنی فلم 'زمانے سے پوچھو' کے لیے ریکارڈ کرنے کی خواہش ظاہر کی۔ یہ غزل شاردا کی آواز میں ریکارڈ ہوئی۔

ہم بھنور میں کنارے بنایا کریں، تم کناروں سے طوفاں اٹھاتے رہو

ہم چراغوں کو خوں دے کے روشن کریں تم اندھیروں کی ہمت بڑھاتے رہو

اس کے بعد مجید خان نے اس فلم کے دوسرے گانے بھی ظفر گورکھپوری سے ہی لکھوائے۔ جو محمد رفیع اور کشور کمار کی آواز میں ریکارڈ ہوئے۔

۱۹۸۰ میں فلم 'شمع' کے گانے کے لیے فلم ساز قادر خان نے ظفر گورکھپوری کو اپنے گھر بلایا اور اس فلم میں گانے لکھنے کے لیے درخواست کی۔ اس فلم کے اکثر گانے ظفر گورکھپوری نے ہی لکھے۔ ان گانوں میں لتا منگیشکر کا گایا ہوا ٹائٹل سانگ بہت مشہور ہوا۔

چاند اپنا سفر ختم کرتا رہا

شمع جلتی رہی رات ڈھلتی رہی

دل میں یادوں سے نشتر ٹوٹا کیے

ایک تمنا کلیجہ مسلتی رہی

اس کے علاوہ آشا بھونسلے نے اس فلم میں ظفر گورکھپوری کے لکھے ہوئے دو گانوں کو اپنی آواز دی۔

ایک بار صرف ایک بار تو جو مسکرا دے

ایک بار مسکرا دے رونے سے کیا ملے گا

او ماں مجھے بتا دے

خوشبو بن توہرے آنگن میں مہکوں
توہری چوکھٹ پے بیتے عمریا
اونچی اٹریا ریشمی چنریا
چاہوں نہ کچھ بھی سنوریا

۱۹۹۳ میں ظفر گورکھپوری کا تعارف میوزک ڈائریکٹر انو ملک سے بذریعہ فون ہوا۔ انہوں نے ظفر گورکھپوری کو عباس مستان کی ڈائریکٹیٹ مشہور فلم 'بازی گر' کے لیے گانے لکھنے کی دعوت دی۔ ظفر گورکھپوری نے اس فلم میں ایک گانا لکھا، جس کو بے پناہ مقبولیت حاصل ہوئی، اس گانے کو ونود راٹھور اور آشا بھونسلے کی آواز میں سامعین نے بہت سراہا۔

کتابیں بہت سی پڑھی ہوں گی تم نے
مگر کوئی چہرہ بھی تم نے پڑھا ہے

اس ہٹ گانے کے بعد ظفر گورکھپوری کی قربت انو ملک سے بڑھتی گئی، جس کے نتیجے میں ظفر گورکھپوری نے کئی فلموں کے لیے گانے لکھے۔ ان فلموں میں غنڈہ راج، ہلچل، کھلونا، خوددار اور ظالم وغیرہ بطور خاص قابل ذکر ہیں۔ جن کی تفصیل درج ذیل ہے۔

۱۹۹۴ میں فلم 'ظالم' کے لیے ایک گانا لکھا۔ جس کو کمار سانو اور الکا یاگنک نے اپنی آواز دی۔ اور انو ملک اس گانے کے میوزک ڈائریکٹر تھے۔

مبارک ہو مبارک ہو محبت گنگناتی ہے
تمھارا دل دھڑکتا ہے مجھے آواز آتی ہے

۱۹۹۵ میں فلم 'غنڈہ راج' ریلیز ہوئی۔ اس فلم کا ایک گانا بہت مشہور ہوا، جس کو

ظفر گورکھپوری نے لکھا تھا۔ اس گانے کے میوزک ڈائریکٹر انو ملک تھے، جبکہ علیشا چینوئی اور کمار سانو نے اس کو گایا تھا۔

نہ جانے ایک نگاہ میں کیا لے گیا کوئی
میری تو زندگی چرا لے گیا کوئی

۱۹۹۵ میں فلم 'ہلچل' کے لیے ظفر گورکھپوری نے ایک گانا لکھا۔ جس کے میوزک ڈائریکٹر انو ملک تھے۔ علیشا چینوئی اور ونود راٹھور نے اس گانے کو اپنی خوبصورت آواز میں سامعین تک پہونچایا تھا:

I am sixteen, going on seventeen
دل کیوں نہ دھک دھک کرے

۱۹۹۶ میں مشہور فلم 'کھلونا' ریلیز ہوئی۔ اس فلم کے ایک گانے کو سامعین نے بہت پسند کیا، جس کو الکا یاگنک اور ونود راٹھور نے گایا تھا۔ اس گانے کے میوزک ڈائریکٹر نریش شرما تھے، جس کو ظفر گورکھپوری نے لکھا تھا۔

ہم جانتے ہیں تم ہمیں ناشاد کرو گے
توڑو گے میرا دل مجھے برباد کرو گے
دل پھر بھی تمھیں دیتے ہیں کیا یاد کرو گے

ظفر گورکھپوری بھوجپوری زبان بھی جانتے تھے۔ انھوں نے ۱۹۸۴ میں ایک بھوجپوری فلم 'گنگا کی بیٹی' کے لیے ایک گانا لکھا جو بھوجپوری علاقوں میں خاصا مقبول بھی ہوا۔ اس گانے کے بول تھے۔

دھیان چھوڑے پنڈت ایمان چھوڑے ملاّ
ہم نہ پھیرب راجا نک بلاّ

اس کے علاوہ ظفر گورکھپوری نے کئی بھوجپوری فلموں کے لیے گانے لکھے۔ جن کو لوگوں نے بہت پسند کیا۔ بے حد مقبول اور مشہور فلمی گانے لکھنے کے باوجود بھی ظفر گورکھپوری نے بحیثیت فلمی نغمہ نگار کبھی اپنی پہچان بنانے کی کوشش نہیں کی، نہ ہی اس کو ذریعہ معاش بنانے کا خیال ان کے دل میں آیا کیونکہ فلمی دنیا کی بھاگ دوڑ اور جی حضوری ان کی مزاج سے میل نہیں کھاتی تھی۔ اپنا وقت وہ فلمی دنیا کے گلیاروں میں چکر کاٹتے ہوئے گزارنا نہیں چاہتے تھے۔ فلمی دنیا کے شور اور گہما گہمی میں اپنے سکون اور چین کا سودا کرنا ان کو پسند نہیں آیا۔ ظفر گورکھپوری کا ذریعہ معاش درس و تدریس تھا۔ اور اسی پیشے میں وہ پرسکون اور مطمئن بھی تھے۔ اس سلسلے میں صاحب حسن کو دیے گئے ایک انٹرویو میں وہ کہتے ہیں کہ:

"میں نے فلمی نغمہ نگار کی حیثیت سے کبھی اپنی شناخت بنانے کی کوشش نہیں کی۔ اور نہ ہی اپنے اوپر فلمی گیت کار کا لیبل لگانا پسند کیا۔ بعض حلقوں کے اصرار پر کہ فلم ایک بڑا میڈیم ہے اسے نظر انداز کرنا ٹھیک نہیں ہوگا۔ میں نے کچھ فلموں کے گیت لکھے۔ وہ بھی کب؟ جب مجھے کسی موسیقار یا پروڈیوسر نے خود بلایا۔ میں نے اپنے طور پر کبھی کسی موسیقار یا پروڈیوسر کے دروازے پر دستک نہیں دی۔ فلم 'شمع' اور 'بازی گر' کے ہٹ ہو جانے پر کچھ دوستوں نے یہ اصرار کیا کہ اب معلمی چھوڑ دو اور فلم کے ہو جاؤ، لیکن میں نے ایسا نہیں کیا، ادب اور تعلیم میرے لیے اوڑھنا بچھونا تھے۔ میری معاش کا ذریعہ بھی یہی تھے۔ میں ان سے مطمئن رہا اور اپنا کام کرتا رہا۔"

(ظفر گورکھپوری: سر آئینہ (خود نوشت)، سہ ماہی شناخت، ممبئی، مارچ-مئی ۲۰۱۳، ص ۳۳)

فلمی دنیا سے دوری کا ایک سبب یہ بھی تھا کہ ظفر گورکھپوری کا مزاج کبھی کاروباری

نہیں رہا۔ ایک زمانے تک فلموں میں گانے لکھنے کے لیے شعرا کو پوری تخلیقی آزادی ہوتی تھی، اور وہ پوری آزادی سے ادبی و معیاری اور سطحیت سے پاک گیت لکھتے تھے۔ وقت گزرنے کے ساتھ بیشتر فلمی گانے کی دھن (Tune) پر لکھے جانے لگے اور ایسے گانوں کو مقبولیت ملی جس میں تہذیب، شائستگی، اخلاقیات اور اعلیٰ ظرفی کو پس پشت ڈال دیا گیا۔ گانوں میں فحش الفاظ اور فحش مناظر کے بے جا استعمال نے ظفر گورکھپوری کو فلمی دنیا نے بددل کر دیا اور اسی وجہ سے انھوں نے اس سے کنارہ کشی اختیار کر لی۔ انھوں نے کئی ایسے گانوں کے آفر کو اسی بنا پر ٹھکرا بھی دیا۔ شجاع الدین شاہد کو دیے گئے ایک انٹر ویو میں ظفر گورکھپوری کہتے ہیں کہ:

"میرا ذریعۂ معاش درس و تدریس تھا اور میں اسی سے پوری طرح مطمئن تھا۔ شاعری میرا شوق ہی نہیں میرا مشن بھی تھی۔ میں اپنا مشن چھوڑنے کے لیے تیار نہیں تھا۔ مجھے ادبی اور تعلیمی کاموں میں ہی سکون تھا۔ یوں بھی فلم، اس کی دنیا کا گلیمر، اس کی چکاچوند اور کاروباری کلچر میرے مزاج سے میل نہیں کھاتا تھا"

(ظفر گورکھپوری؛ شجاع الدین شاہد، ظفر گورکھپوری سے گفتگو (انٹرویو)، شعر و حکمت، حیدرآباد، مئی ۲۰۱۱، ص ۱۸۵)

فلمی دنیا کے اس مختصر سفر کے دوران جن سنگروں نے ظفر گورکھپوری کے نغموں کو آواز دی، ان میں محمد رفیع، آشا بھونسلے، لتا منگیشکر، طلعت عزیز، کشور کمار، کمار سانو، الکا یاگنک، علیشا چینوئی اور ونود ٹھاکر وغیرہ کے نام قابل ذکر ہیں۔

* * *